교육 연구방법의 이론과 실제

- 분석 실천적 접근 -

Educational Research & Research Tools

SPSS · AMOS · NVivo · EndNote

허 균 저

서현사

머리말

우리생활에서 교육은 중요한 일상 중 하나이다. 여러분은 학창시절 수많은 교육을 받았고, 어른이 되어서는 자식을 교육시킨다. 자신의 근무처에서 동료나 후배들을 교육시키며 새로운 것을 교육 받기도 한다. 이처럼 교육은 우리의 중요한 일상이며 미래를 위한 작은 희망이다.

현재의 교육 상황을 통해 미래를 예측하고 다음 교육 상황을 만들어 나가기 위해서는 객관적이고 과학적인 접근이 필요하다. 이러한 접근 중 하나가 학문적 연구 방법으로 예측하고 설명하는 것이다. 이러한 활동이 교육 연구 혹은 교육학 연구라고 할 수 있을 것이다. 이를 위해서는 방법적인 이론과 실제가 필요하다. 여러 사회 및 심리 현상이 혼합된 교육 상황은 객관적이고 체계적으로 보는 방법에 따라 미래를 예측할 수 있는 단서를 얻을 수 있고 이를 연구결과나 논문을 통해 주장할 수 있기 때문이다.

이 책은 연구를 수행하거나 관심을 가지는 대학생, 대학원생, 연구자를 대상으로 교육 연구를 위한 방법에 관한 기초적인 이론과 실질적 접근 방법을 제시하고 있다.

이 책은 크게 연구를 위한 기초와 계획 부분(1장~3장), 연구를 위한 기초 이론 부분(4장~6장), 연구를 위한 도구 활용 부분(7장~12장)의 세 부분으로 구성되어 있다.

1장을 통해 교육 연구의 학문적 접근에 대한 교육학 연구에 대해 소개를 하고, 2장을 통해서는 학술 논문의 체계와 구성과 분석적 접근 방법을 소개하고 있다. 3장에서는 연구자들이 주제선정과 연구계획을 어떻게 할 것인지에 대한 로드맵을 작성하는 방법에 대해 안내하고 있다.4장, 5장, 6장에서는 교육 연구 방법이 기초 이론으로 문헌연구, 자료검색, 실험연구, 조사연구에 대해 소개하고 있다.

7장에서는 교육 연구 방법의 구체적인 도구를 종합적으로 설명하고 있으며 8장~12장에 걸쳐 SPSS, AMOS, NVivo, EndNote를 활용한 논문 사례와 도구 활용 방법에 대해 소개하고 있다.

책을 집필하면서 저자는 독자들이 연구의 기본 논리의 구축에서부터 다른 사람의 논문을 분석하고 자신의 연구주제를 실행하기 위한 구체적 도구를 파악하고 활용함으로써 연구과정 전반을 파악하고자 노력하였다. 하지만 막상 원고를 마무리하고 나니 아직 보충해야 할 많은 부분이 있음을 느낀다.

부족한 원고를 출간할 수 있게 허락해 주신 조재성 대표님께 심심한 감사를 드린다. 그리고 부모님, 은사님께 진심으로 감사드리며, 옆에서 항상 힘이 되어준 정애와 소연, 수연이에게 고마움을 전하고 싶다.

2009년 10월 부산 이기대에서
저자 허균

차 례

제1장 교육학 연구

1. 교육학 연구의 개념
2. 교육학 연구의 대상과 영역
3. 교육학 연구절차
4. 교육학 연구유형과 한계

연구결과들이 나름대로 의미를 갖기 위해서는 어떠한 것들이 필요한가?

첫째, 연구주제의 교육적 의미를 가져야 한다. 이는 연구자가 실시한 연구가 다른 주제 영역의 연구들과 차별성과 독창성을 갖게 해 주는 부분이다. 일반 심리학자나 과학자들이 접근한 관점과 교육자들이 접근한 관점은 서로 다른 의미를 가질 수 있기 때문이다. 교육자들은 교육적 실천을 바탕으로 연구주제를 탐색하고 교육학이라는 학문적 영역에서 여러 가능성들을 학문적으로 탐색해 보게 된다. 이로 인해 연구결과와 해석이 질적으로 의미있는 시사점을 줄 수 있다.

둘째, 과학적 연구방법을 갖추어야 한다. 이는 연구주제를 체계적으로 접근하기 위한 방법적 측면의 중요성을 나타낸다. 아무리 훌륭한 주제라도 방법적으로 보편타당하지 않다면 그 결과에 대해 쉽게 수긍하기는 힘들 것이다. 따라서 연구주제에 탐색에 이어 어떠한 연구방법을 과학적으로 체계화 시킬 것인가는 중요한 의미를 가진다.

셋째, 연구결과는 실용적 의미를 가져야 한다. 교육학 연구에서는 두 가지 측면 즉 교육 현장에 대한 실용성과 함께 교육학이라는 학문적 이론의 지평을 확대한다는 이론과 실천의 의미를 모두 가지고 있다. 그럼에도 불구하고 교육학 연구는 교육의 실질적 현장의 문제를 해결하고 새로운 교육의 방향을 제시할 수 있는 실용성이 강조된다.

이번 장에서는 교육학 연구란 무엇이며 어떠한 연구 영역이 있는지 알아보고자 한다. 교육학 연구에 대한 이해와 함께 연구를 실천가의 이론적 접근을 통해 세 가지 중요한 연구결과를 만들어 내는데 도움을 줄 수 있으리라고 기대한다.

수집을 통해 원저자의 본래 의도와 상황 및 맥락을 이해할 필요가 있기 때문이다.

넷째, 4단계 내용 참조 단계이다. 수집된 자료를 바탕으로 자신의 연구결과에 맞게 재정리하고 분류하는 작업을 하는 단계이다. 연구자에 따라서는 이 단계에서 자료 요약카드를 만드는 것을 제안하기도 하고 End Note와 같은 소프트웨어를 활용하면 핵심내용을 자신의 PC에 데이터베이스를 만들어 관리해 주기도 한다. 4단계에서는 검색되어진 내용을 자신의 논문 작성 상황에 최적화하여 이해하고 정리하는 단계라고 이해하면 될 것이다.

다섯째, 5단계 문헌조사 결과 정리단계이다. 연구자가 고찰한 내용은 작성하려고 하는 논문의 이론적 배경과 같이 일부가 되거나 독립적 문헌연구가 되기도 한다. 연구의 목적과 성격에 맞게 정리하면 될 것이다. 자료를 정리할 때는 단순히 조사한 내용을 나열하는 식의 정리는 지양되어야 할 것이다. 자신의 특정 연구결과와 관련된 이론을 따로 정리하거나 연구방법과 관련된 연구들을 제시하면 보다 설득력 있고 논리적인 논문을 작성할 수 있게 될 것이다.

3 인터넷을 활용한 문헌연구

정보화 기술의 발달은 교육학 연구에 많은 영향을 주었다. 연구자료를 수집하는 것뿐만 아니라 보관, 분류, 분석, 해석하는 모든 연구절차에 많은 영향을 주고 있다. 정보화 기술을 단순히 도구로 이해하기에는 연구자가 놓치기 쉬운 많은 것들이 있다.

따라서 최근 정보화 기술 중 인터넷을 활용하여 문헌연구를 할 수 있는 사례들을 정리해 보고자 한다.

3.1 도서관 홈페이지를 활용한 국내외 문헌자료 검색

오늘날 인터넷은 문헌연구를 위한 가장 중요하고 강력한 도구가 되었다. 연구문헌 검색에서부터 원문까지 볼 수 있는 서비스가 각 대학 도서관 홈페이지를 통해 이미 제공되고 있고, 국가차원의 정보 서비스도 제공되고 있다.

인터넷으로 가장 먼저 접근할 수 있는 것은 연구자가 속해 있는 대학 도서관 홈페이지를 이용하는 것이다. 대학 도서관에는 교내 도서정보나 학위논문 정보 서비스뿐만 아니라 국내 및 해외 자료 정보도 제공해 준다. 대학마다 국내외 및 해외의 논문자료 검색 및 제공 서비스에 이미 가입되어 있기 때문에 연구자는 이를 활용하는 것만으로도 많은 정보를 얻을 수 있다.

이 책에서는 부경대학교에 소속되어 있어 부경대 도서관에서 얻을 수 있는 정보를 간략히 소개하겠다. [그림 4-2]는 부경대학교 도서관 홈페이지를 나타낸다. 도서관의 여러 서비스 중 [전자자료검색] 부분의 서비스는 국내 및 해외 주요 논문을 찾을 수 있는 정보를 제공한다. 구체적으로 기사메타검색, 전자저널리스트 제공 서비스, 전자저널 서비스, 학술 WEB DB, e-Book 등의 서비스를 제공해 주고 있다.

[그림 4-3]과 같은 간단한 예를 살펴보자. 도서관 홈페이지에서 제공되는 [전자저널리스트] 서비스를 활용하여 ① '교육평가연구'라는 저널을 찾는다. 이를 클릭하면 외부의 전자저널 서비스 기관에 해당 저널(교육평가연구) 현황을 제시해 준다. ② 이 중 연구자가 관심을 갖는 특정 정보(21권 1호)를 클릭하여 관심 논문 제목을 선택할 수 있다. ③ 논문 제목을 클릭하면 원문을 직접 볼 수 있게 된다.

[그림 4-2] 부경대학교 도서관 홈페이지(http://libweb.pknu.ac.kr)

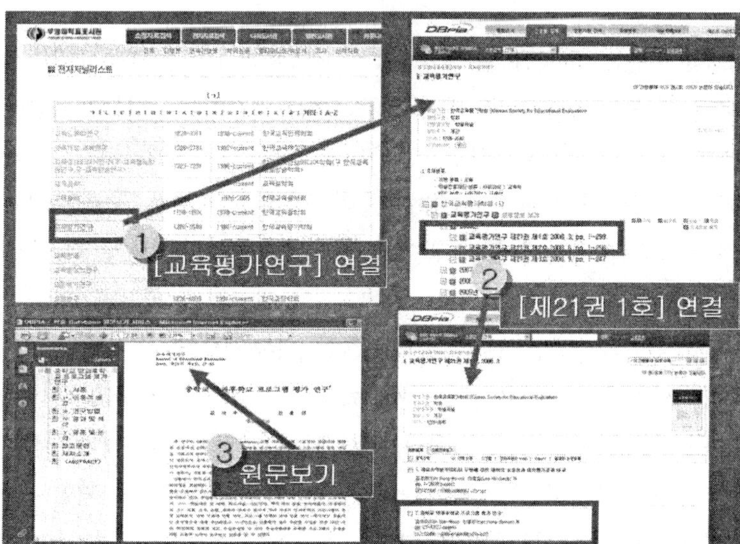

[그림 4-3] 전자저널 리스트를 이용한 외부 학술 논문 원문보기

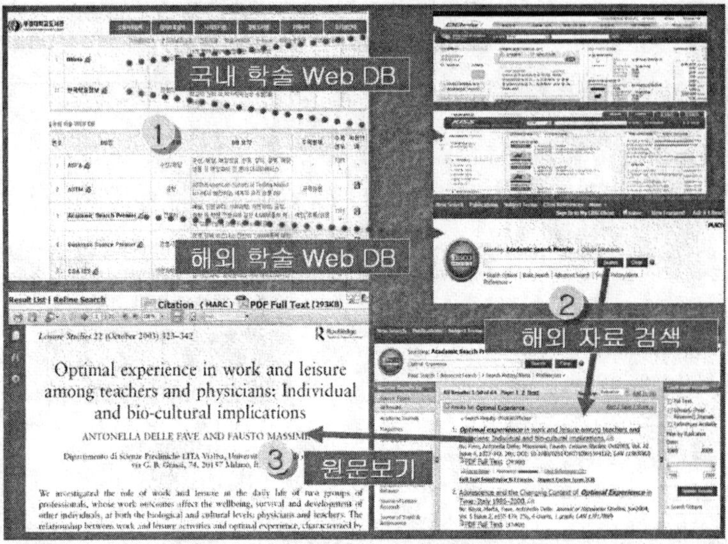

[그림 4-4] 학술 Web DB 서비스 이용
국내외 학술 논문 검색과 원문보기

[그림 4-4]는 도서관 홈페이지에서 제공되는 [학술 Web DB] 서비스를 활용하여 국내 및 해외 연구논문을 검색하고 원문까지 참조할 수 있는 과정을 나타내는 그림이다. 자신의 분야에 맞는 ① 국내외 학술 DB를 선택하고, ② 연구자가 찾고자 하는 주제로 검색한 뒤, 검색된 결과에서 ③ 논문 제목을 클릭하면 원문을 직접 볼 수 있게 된다.

[그림 4-3]과 [그림 4-4]에서와 같이 원문까지 볼 수 있는 것은 대학 도서관이 논문 서비스를 제공해 주는 서비스 업체들과 이미 협약을 맺었기 때문이다. 대학 내에서나 로그인 한 후 원하는 검색과 함께 해당 원문들을 손쉽게 찾을 수 있어 문헌연구를 위한 논문 탐색 단계를 도와주는 역할을 한다.

3.2 국내 인터넷 검색 주요 사이트

도서관에 많은 정보들이 링크되어 있지만 직접 검색할 수 있는 사이트들도 많이 있다. 이 중 연구자들이 가장 많이 활용하는 국내 사이트를 간략히 소개하겠다. 국내 논문 검색 사이트로 많이 활용되는 곳은 한국교육학술정보원, 국회도서관, 국가전자도서관, 한국학술정보, 누리미디어 등이 있다. 이 중 앞의 도서관의 예에서 나오지 않았던 한국교육학술정보연구원의 학술연구정보서비스, 국회도서관, 국가전자도서관에 대해 알아보겠다.

(1) 학술연구정보서비스(한국교육학술정보원 운영, http://RISS4U.net)

[그림 4-5]는 학술연구정보서비스(RISS: Research Information Service System)는 교육과학기술부 산하 연구기관 중 하나인 한국교육학술정보원(KERIS)에서 운영하는 국가제공 정보 서비스이다. 국내외 1,100개 학회 학술논문, 학위논문, 단행본 및 학술지 등을 통합적으로 검색해준다. 대학 도서관과 협약을 따로 함으로 검색뿐만 아니라 원문까지 볼 수 있는 장점이 있다. 또한 취득 박사학위 논문에 대한 원문 서비스까지 해 주기 때문에 학위를 준비하는 대학원생 연구자들에게도 유용할 것이다.

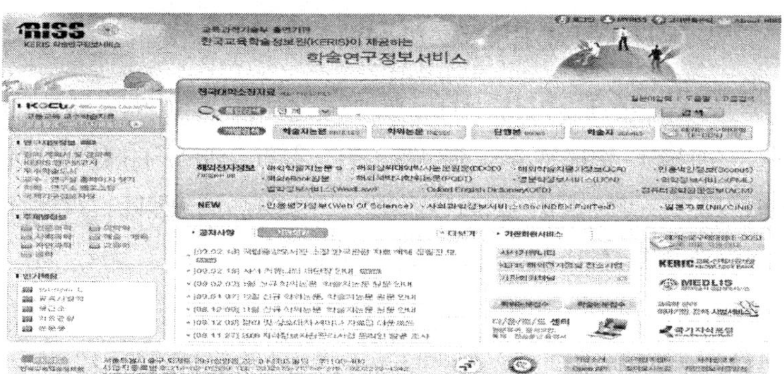

[그림 4-5] 한국학술연구정보서비스(http://RISS4U.net)

(2) 국회도서관(http://nanet.go.kr)

국회도서관은 오프라인뿐만 아니라 온라인으로 여러 논문들을 검색하고 원문을 볼 수 있다. 석사 및 박사 학위논문, 국내 연구논문, 세미나 자료, 정기간행물, 국내 정부간행물, 신문 목록 및 해외 학술잡지, 단행본 자료 등을 검색할 수 있다. [그림 4-6]은 국회도서관 논문검색 서비스 화면을 나타낸다.

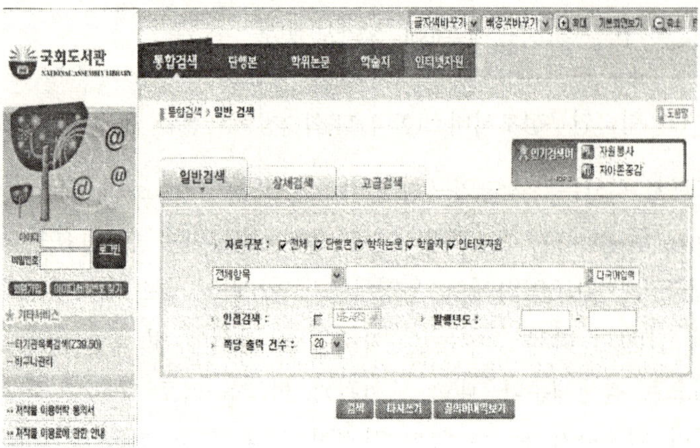

[그림 4-6] 국회도서관 논문검색 서비스(http://nanet.go.kr)

(3) 국가전자도서관(http://dlibary.go.kr)

국립중앙도서관, 국회도서관, 한국학술정보원 등의 기관에서 제공하는 자료를 통합적으로 검색해 주는 서비스이다. 국내외 도서관, 유관기관, 국제기구의 웹사이트 링크 정보도 제공된다. [그림 4-7]은 국가전자도서관 웹사이트를 나타낸다.

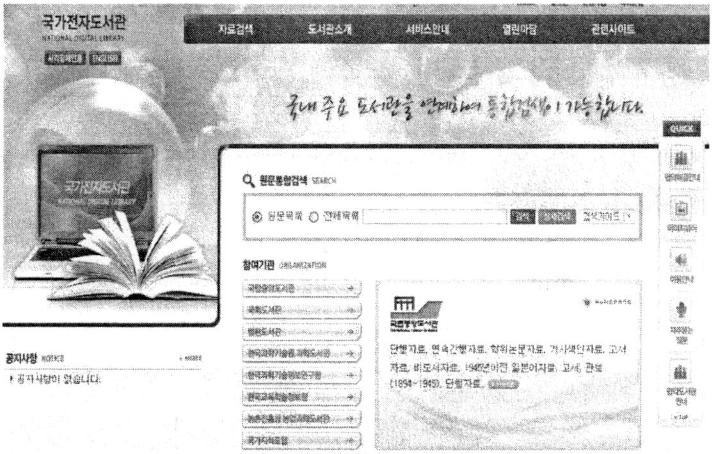

[그림 4-7] 국가전자도서관 논문검색 서비스(http://dlibrary.go.kr)

3.3 해외 인터넷 검색 주요 사이트

해외 인터넷 검색을 다양한 방식으로 이뤄질 수 있다. 앞에서 소개한 해외학술 Web DB를 활용하거나 일반적으로 알려진 웹사이트를 이용할 수도 있다. 일반적인 웹사이트에는 디렉토리 서비스(Subject Directories), 검색엔진(Search Engine) 등의 서비스를 활용할 수 있다. 디렉토리 서비스, 검색엔진, 해외 학술 Web DB 순으로 정리하였다.

(1) 디렉토리 형태의 서비스

디렉토리 서비스는 주제를 유형별로 분류하여 해당 내용을 찾아가는 방식을 말한다. 연구자가 연구주제에 대한 해당 지식이 없을 경우 알고자 하는 주제 분류를 따라가며 정보를 획득할 수 있는 것이 특징이다. Internet Public Library(http://www.ipl.org), Librarians's Indext to the Internet(http://lii.org), Link Library(http://www.reserchnavigator.com),

WWW Virtual Library(http://vlib.org) 등이 그 예가 될 것이다. [그림 4-8]은 디렉토리 형태의 연구검색 서비스의 예를 나타낸다.

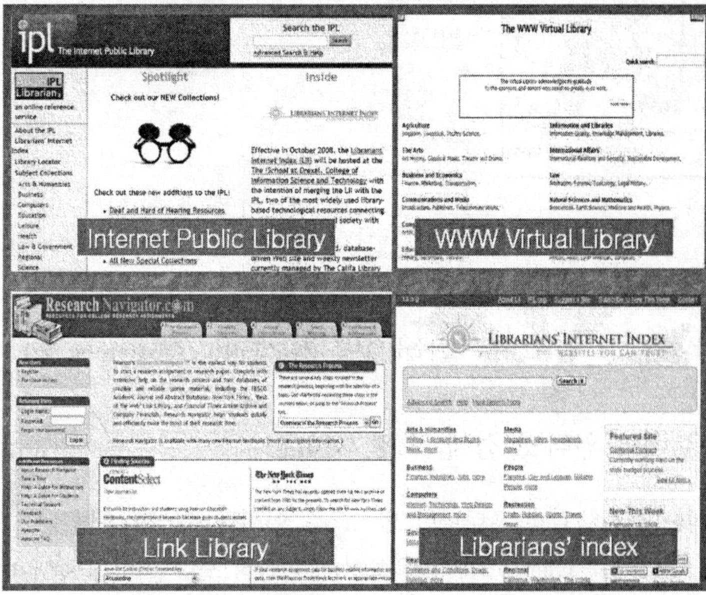

[그림 4-8] 디렉토리형 도서 정보 서비스 예시

(2) 검색 형태의 서비스

일반적인 검색 엔진을 활용한 문헌검색을 실시하는 유형이다. 논문뿐만 아니라 일반적인 웹문서 등과 같은 다양한 검색결과로 여러 정보를 수집한다는 장점과 함께 연구와 관련이 없는 내용이 너무 많다는 단점이 있을 수 있다. 대표적인 검색 서비스는 Google (google.com), Yahoo(yahoo.com), MSN(search.msn.com) 등이 있다.

Google Scholar 서비스(http://scholar.google.com)는 [그림 4-9]와 같이 연구하는 학자의 논문이나 책의 정보와 함께 피인용지수, 관련 연구논문 등의 검색결과를 제공한다.

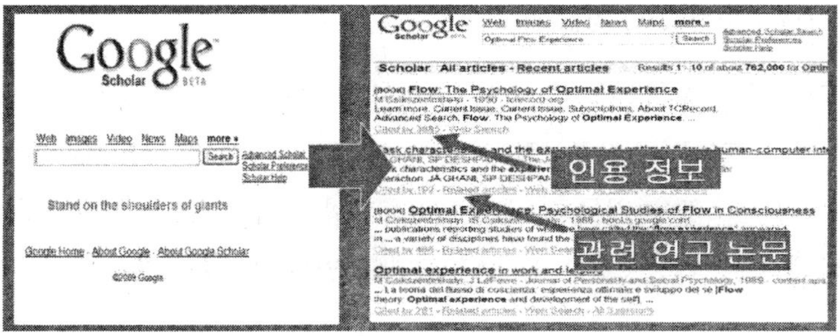

[그림 4-9] 해외 검색 엔진을 활용한 문헌연구 사례

(3) EBSCO host(http://web.ebschost.com)

국외 학술 Web DB 중 하나로 Academic Search Premier와 Business Source Premier 서비스를 제공하고 있다. Academic Search Premier는 예술, 인문과학, 사회과학, 자연과학, 공학, 의학 등 학문 전 분야에 걸친 4,680여종의 해외 학술저널에 대한 원문을 제공하는 서비스이다. 교육학 연구와 관련된 문헌조사도 여기서 이뤄질 수 있을 것이다. Business Source Premier는 경제, 경영, 비즈니스 전반의 7,000 여종에 대한 서지정보와 3,000여종 저널의 원문을 제공한다. [그림 4-10]은 EBSCO host를 활용하여 검색한 예를 나타내고 있다.

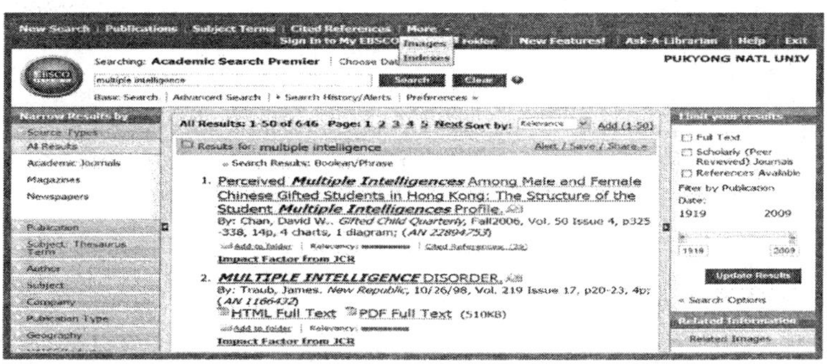

[그림 4-10] EBSCO host의 Academic Search Premier 활용 검색 예시

(4) JCR(http://isiknowledge.com/jcr/)

국외 학술 Web DB 중 하나로 저널의 인용정보를 제공하는 서비스이다. 과학기술, 사회과학 분야의 누적 논문수 및 인용회수를 통한 비교 및 평가 정보를 제공한다. [그림 4-11]은 JCR을 활용하여 여러 논문들의 인용회수 등을 참조하고 있는 예시 화면이다.

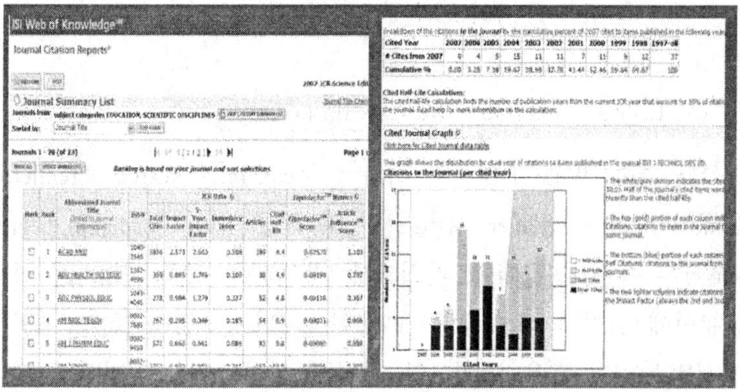

[그림 4-11] JCR 활용 검색 예시

기타 참고할 만한 사이트

교육리소스정보센터 ERIC(Education Resources Information Center) http://eric.ed.gov 미국 교육부 http://ed.gov 교육통계센터 NCES(National Center for Education Statistics) http://nces.ed.gov 유네스코 http://unescostat.unesco.org 미국 통계 요약자료 제공 www.census.gov/statab/www 성인 직업교육 www.cete.org/ave 초등 및 유아교육 http://ecap.crc.uiuc.edu/info 교육 사정과 평가 http://eresearch.org 상담관련 http://counselingoutfitters.com 교사교육 http://www.aacte.org

이외에도 다양하고도 많은 자료들이 인터넷에 존재한다. 연구를 진행하다 다른 연구자들의 연구결과를 검색하는 과정에서 새로운 정보를 얻기도 한다. 여러분이 관심 갖는 주제를 여러 경로로 탐색해 문헌연구를 수행해 보기로 하자.

제5장 실험연구

교육학 연구를 보다 체계적이고 과학적으로 하는 방법 중에 하나는 연구설계를 바탕으로 연구를 진행해 나가는 것이다. 교육학 연구에서 실험은 연구자가 알고자 하는 변인 탐색을 위해 여러 환경적 변인에 조작을 가하는 활동이라고 할 수 있다. 이를 위해서는 사전에 계획하는 활동이 필요한데 이것이 실험설계(experimental design)인 것이다. 실험설계를 통해 연구자가 연구문제로 설정한 문제들과 관련된 구체적인 변인들을 설정할 수 있고 서로 간의 관계를 설정할 수 있다. 본 장에서는 교육학 연구 영역에서 실험연구를 수행하기 위한 기초적인 내용을 이해하고자 한다. 이를 위해서 언제 실험연구를 하는지 생각해보고, 주요 용어를 정리한 후 교육학 연구에서 적용이 용이한 10가지 실험설계 유형을 알아보겠다.

1 언제 실험연구를 실시하는가

학위논문이나 학술논문에서 가장 많은 유형의 연구 중 하나가 실험연구이다. 전공 영역에 따라 어느 정도 차이는 있지만 교육학, 인문사회, 자연과학, 공학 등 다양한 분야에서 공통적으로 활용되는 연구방법이다. 이렇게 많은 연구물들이 실험연구의 형식을 띄고 있는 것은 연구문제를 제한된 범위 내에서 비교적 과학적이고 체계적으로 결과를 도출해 주기 때문이다.

그렇다면 언제 실험연구를 할 수 있을까?

실험을 통해 변인들 간의 인과관계를 파악하고자 할 때 사용할 수 있다. 실험을 통한다는 말은 특정 변인이나 대상을 통제한다는 말이다. 따라서 특정한 통제 상황에서 변인들 간의 인과관계를 파악하고자 할 때 사용할 수 있을 것이다. 한국심리학회(1988)에서는 실험연구를 ① 현상 확인 혹은 현상의 존재 증명하거나 ② 두 이론적 변인 간의 인과관계를 확립할 때 활용할 수 있다고 실험연구의 목적에 기술하고 있다.

교육학 연구에서는 실제 활용과 관련된 연구들까지 포괄적으로 포함할 수 있다. 구체적인 예를 생각해 보자. 교육 현장에서 역할극의 참여가 대인 간의 의사소통능력을 향상시킨다는 연구결과를 바탕으로 초등학교 학생들에게 역할극 중심의 수업 프로그램을 개발하였다고 가정하자. 이때 연구자는 이 프로그램이 과연 효과적인지 의문을 가질 수 있을 것이다. 이에 개발된 프로그램과 의사소통능력과의 인과관계를 파악할 수 있는 구체적인 실험연구를 설계할 수 있을 것이다. 이외에도 멀티미디어나 인터넷을 활용한 교수법이 학업성취에 미치는 영향을 밝히는 연구, 팀별 학습전략이 학업성취도에 어떠한 영향을 미치는지 밝히는 연구 등은 교육학의 각 전공 영역에서 실험설계를 통해 이뤄질 수 있는 연구이다.

실험연구를 제대로 하기 위해서는 어떻게 해야 하는가?

실험연구를 제대로 하기 위해서는 연구설계를 제대로 해야 한다. Wiersma(1995)는 실험연구 설계 준거로 ① 실험조건에 제약이나 무선화 과정을 통한 적절한 실험 통제 ② 실험의 인위적 특성의 결과 영향요소 배제 ③ 비교 집단 여부 ④ 실험연구에 적합한 자료 ⑤ 잘못된 관찰로 오염되지 않은 자료 ⑥ 관련 변인의 혼입 통제 ⑦ 실험의 결과가 일반화 될 수 있게 설계의 대표성을 가져야 함 ⑧ 복잡한 설계보다 단순한 설계로 실험목적 달성의 8가지를 제시하고 있다(박도순, 2001: 118~119).

또, 실험연구가 다른 사람으로부터 인정받기 위해서는 타당한 연구가 되어야 한다. 연구의 타당성은 내적타당도와 외적타당도로 판단할 수 있다. 내적타당도는 종속변수와 독립변수와 인과관계가 확인할 수 있는지에 대한 정도를 나타낸 것이고, 외적타당도는 표본으로 실험한 연구결과를 전체 모집단으로 일반화할 수 있는지에 대한 정도를 나타낸 것이다. 연구자는 타당도를 위협하는 요인을 사전에 제거하여야 할 것이다.

McMillan 등은 타당도를 위협하는 요인을 다음과 같이 정리하여 제시하고 있다(McMillan & Schumacher, 2006: 260~261).

첫째, 내적타당도를 위협하는 요인

역사(history), 표본선정(selection), 통계적 회귀(statical regression), 사전검사(pretesting), 도구(instrument), 마모(attrition), 성숙(maturation), 확산효과(diffusion of treatment), 실험효과(experimenter effect), 반복처치(treatment replication), 주관효과(subject effect)

둘째, 구인타당도를 위협하는 요인

부적절한 구인설정(Inadequate explication of the constructs), 단일 조작 편견(Mono-operation bias), 단일 방법 편견(Mono-method bias)

셋째, 외적타당도를 위협하는 요인

• 모집단(population) 관점: 대상선정(Selection of subjects), 대상특정(Characteristics of subjects), 대상처치간 상호작용(Subject/treatment interaction)

• 생태학적(Ecological) 관점: 변수에 대한 정의(Description of variables), 다중처치 추론(Multiple-treatment interference), 환경-처치 상호작용(Setting/treatment interaction), 시간 측정 및 처치 상호작용(Time of mea surement/treatment interaction), 사전사후검사의 민감성(Pretest-posttest sensitization), 초보가 혹은 방해자 영향(Novelty or disruption effect)

2 주요 용어

실험연구에서 자주 언급되는 용어는 다른 연구에서도 흔히 이야기 된다. 독립변수, 종속변수 등이나 등간척도, 비율척도 등의 용어는 실험연구 뿐만 아니라 조사 연구나 기타 다른 연구방법에도 공통적으로 등장하는 용어이다. 이 절에서는 실험연구에서 사용하는 일반적인 용어의 개념을 익혀 보도록 하자.

■ 독립변수(independent variable)

다른 변수의 변화 원인이 되는 변수, 다른 변수에게 영향을 주는 변수

■ 종속변수(dependent variable)

원인변수에 의해 영향을 받아 변화된 변수

■ 매개변수(intervening variable)

독립변수와 종속변수 간의 관계를 설명하는데 영향을 주는 변수

■ 통제(control)

매개변수를 규제 혹은 고정시키고 실험에서 독립변수를 조절한다는 의미

■ 실험처치(experimental treatment)

실험연구 상황에서 종속변수의 변화를 유도하기 위해 가해지는 상황

■ 통제집단(control group)

실험연구에서 연구가설에서 설정한 효과를 알아보기 위한 비교집단의 하나로 실험처치를 가하지 않은 집단

■ 실험집단(experimental group)

실험연구에서 연구가설에서 설정한 효과를 알아보기 위한 비교집단의 하나로 실험처치를 가한 집단

■ 사전검사(pretest)

실험설계에서 특정한 처치의 효과를 알아보기 위한 수단의 하나로 실험 처지 전 검사하는 활동

■ 사후검사(posttest)

실험설계에서 특정한 처치의 효과를 알아보기 위한 수단의 하나로 실험 처지 후 검사하는 활동

3 실험설계 유형

실험설계라는 것은 외부 환경에 대한 통제를 통해 원인과 결과를 밝힐 수 있는 연구방법이다. A라는 약이 개발되었을 때 약의 효과를 검증하기 위해 실험설계를 실시한다. 실험실 동물들을 대상으로 다른 외부변인을 최대한 통제하여 약의 효과를 검증하는 것이다. 하지만 교육학 연구의 대상은 교실 현장, 자신이 맡은 학급, 특정 관심 학급 등 여러 변인들이 통제될 수 없는 경우도 존재한다. 실험설계도 상황적 특성에 따라 몇 가지로 구분된다. 교육학과 관련된 실험설계는 순수실험설계(true experimental design), 준실험설계(quasi-experimental design)로 구분할 수 있다.

일반적인 실험설계의 기본 모형은 [그림 5-1]과 같다. O는 관찰이나 특정한 검사를 나타내고, X는 실험처치를 나타낸다. 실험의 효과는 실험처치가 끝난 이후 관찰이나 특정한 검사의 결과와 실험처지 전의 관찰이나 결과를 비교함으로써 알 수 있다. 이를 식으로 나타내면 $O_2 - O_1$이 될 것이다.

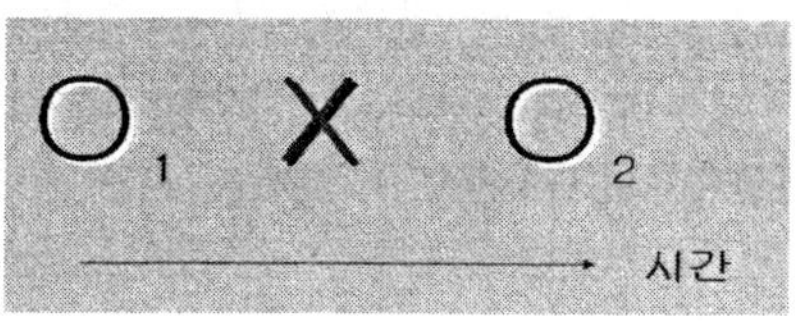

O : 관찰 Observation

X : 실험처치 Experiment(treatment)

$O_2 - O_1$: 실험처치 효과

[그림 5-1] 실험설계 기본 모형

이번 절에서는 가장 기본적인 실험설계의 유형과 사례를 알아보자.

3.1 준실험설계(quasi experimental design)

준실험설계는 일반적인 실험설계와 달리 학교현장, 교실상황 등과 같은 곳에서 실험설계의 원리를 적용할 수 있는 설계방식이다. 일반적으로 순수실험설계는 엄격한 실험실과 유사한 통제상황을 강조하여 임의의 대상자 선정을 가정하는데, 준실험설계에서는 대상자의 임의 선정을 가정하지 않는다. 학교현장을 생각해 보자. 학교현장에서 실험연구를 실시하고자 할 때 이미 반 배정이 완료된 상태이고 학급의 구성을 임의로 바꾸거나 조작하는 것은 현실적으로 불가능하고 여러 문제를 야기시킬 수도 있다. 학교현장을 실험설계 방식으로 연구하기 위해서는 실험실에서 실시하는 순수실험설계 방식과는 다른 접근방식이 필요하게 된다. 이러한 이유에서 자신이 몸담고 있는 학교나 학년의 학생들을 대상으로 실험연구를 수행하고자 할 때 부합되는 설계방법이라고 할 수 있다.

준실험설계의 목적은 실험설계가 갖는 목적인 원인과 결과를 밝히는 데 있다. 교수학습 방법, 새로운 매체, 학습도구 등이 새롭게 개발되었다면 실험실과 같은 환경은 아니지만 이와 유사한 방식으로 그 효과를 검증할 때 사용될 수 있다.

(1) 유형 1. 단일집단 사후검사 설계

가장 단순한 설계 유형으로 일회적 사례연구(one-shot case study)라고도 불린다. 특정 A그룹에 대해 X의 실험처치를 한 후 변화된 행동을 측정하거나 관찰하는 것을 말한다. [그림 5-2]는 이것을 도식화 한 것이다.

무선	그룹	사전검사	실험(처치)	사후검사
	A		X	O_1

→ 시간

[그림 5-2] 단일집단 사후검사 설계

예를 들어, 멀티미디어 학습자료를 개발한 후 자신의 반에 활용해 보고 학생들의 반응을 살펴보았다면 단일집단 사후검사가 될 것이다. 하지만 이 설계방식은 비교 대상이 없다는 점, 변인이 통제되지 않는다는 점 등으로 인해 실험처치의 결과인지 정확히 판단할 수 없는 한계점이 있다. 연구 초기 단계에 실험처치에 해당되는 아이디어를 간단한 예비 실험 차원으로 검증하고자 할 때 유용할 수 있다.

(2) 유형 2. 단일집단 사전사후검사 설계

특정 A 그룹에 대해 사전 검사를 실시한 후, X의 실험처치를 실시하고 그 효과를 알아보기 위해 사후검사를 실시한다. 유형 1에 비해서는 사전검사와 사후검사를 비교함으로써 실험처치 효과를 파악함으로 보다 설득력을 가진다. [그림 5-3]는 시간의 흐름에 따른 단일집단 사전사후검사의 진행 순서를 도식화한 것이다.

무선	그룹	사전검사	실험(처치)	사후검사
	A	O_1	X	O_2

→ 시간

[그림 5-3] 단일집단 사전사후검사 설계

예를 들어, 작년도에 개발된 수학 멀티미디어 학습자료의 효과성을 알아보기 위해 학기 시작 전 학생들의 수학성적을 검사하고, 멀티미디어 학습자료를 활용한 학습(실험처치) 후 수학성적을 검사하였다면 단일집단 사전사후검사 설계에 해당되는 것이다. 연구자는 사전 수학성적과 사후 수학성적의 변화를 측정함으로써 개발된 멀티미디어 학습자료의 효과성 여부를 주장할 수 있다.

(3) 유형 3. 이질집단 사후검사 설계

통제집단이 있다는 점에서 유형 1, 유형 2의 단점을 보완한 설계방법이다. A 그룹에 대해 X의 실험처치를 실시하고 그 효과를 알아보기 위해 사후검사를 실시한다. 통제집단인 B 그룹은 아무런 처치 없이 사후검사를 실시한다. 두 사후검사 결과 차이를 비교하여 실험처치의 효과성을 알아보는 설계방법이다. [그림 5-4]는 이질집단 사후검사 설계를 도식화하여 나타내고 있다.

무선	그룹	사전검사	실험(처치)	사후검사
	A		X	O_1
	B			O_2

→ 시간

[그림 5-4] 이질집단 사후검사 설계

이 설계는 현장에서 실험연구를 할 때, 학급이나 자연 그대로의 집단을 실험집단으로 선택하여 실험처치를 할 수 있다는 점에서 교육학 관련 연구에 자주 등장할 수 있는 연구유형이다.

하지만, A그룹과 B그룹을 비교할 때 두 집단이 동일하다고 가정하는 데는 논리적으로 한계가 있다. 이질집단 사후검사 설계를 바탕으로 연구를 계획할 때는 두 집단 간의 동질화가 이뤄지지 않은 문제에 대해 충분히 검토 후 이를 보완할 만한 계획이 뒤따라야 할 것이다.

(4) 유형 4. 이질통제집단 사전사후검사 설계

무선으로 실험대상을 정할 수 없을 경우 원래 있는 A그룹과 B그룹을 중 특정 집단에만 실험처치를 실시하여 그 효과를 알아보는 검사설계이다. 유형 3의 설계에서 최초 집단 간의 동질성 확보의 어려움을 사전 검사를 통해 해결하려는 설계방법이다. 현장의 학급을 그대로 유지하며 연구를 할 수 있다는 점과 동질성 가정의 일정 부분을 충족시킬 수 있다는 측면에서 교육학 연구에서 가장 많이 활용되고 있는 유형이다. [그림 5-5]는 이질통제집단 사전사후검사 설계를 도식화하여 나타내고 있다.

무선	그룹	사전검사	실험(처치)	사후검사
	A	O_1	X	O_2
	B	O_3		O_4

→ 시간

[그림 5-5] 이질통제집단 사전사후검사 설계

예를 들어, 연구자가 개발한 모둠식 협동학습 전략이 학습자의 토의력 향상에 영향을 주는지 알아보는 연구를 생각해 보자. 이 유형의 설계를 적용하기 위해서는 A반과 B반 즉 서로 다른 반을 대상으로 선정해야 한다. 두 반 모두 토의력을 측정 문항을 통해 사전 검사를 실시한 후, A반은 모둠식 협동학습 전략을 가르치는 실험처치를 한다. 반면 통제집단인 B반은 특별한 처치 없이 그대로 둔다. 일정한 시점이 지난 후 두 반 모두 사후검사를 통해 토의력 향상 정도를 검사한다. 이러한 과정을 거쳐 두 반의 사전검사 대비 사후검사의 향상도 비교를 통해 실험처치의 효과성을 논의할 수 있다.

(5) 유형 5. 시계열 설계

단 한 번의 사전검사나 사후검사만을 실시하지 않고 여러 번의 사전검사와 사후검사를 주기적으로 실시함으로써 실험처치의 효과를 알고자 하는 연구설계 방법이다. 실험집단과 통제집단을 구분하여 설계하기 어려울 경우나 실험의 효과가 나타나는 시기를 알 수 없을 때 활용할 수 있다. 여러 번의 실시한 사전 사후검사를 통해 실험처치 효과를 객관적으로 파악할 수 있는 장점이 있다. 또, 유형 4의 경우 B그룹은 비교적 긍정적 효과가 예상이 되는 실험처치를 교육서비스 차원에서 제공받지 못함으로써 윤리적 문제가 발생할 수 있다. 시계열 설계는 이러한 문제를 극복할 수 있는 장점을 제공해 주기도 한다. [그림 5-6]은 시계열 설계를 도식화하여 나타내고 있다.

무선	그룹	사전검사	실험(처치)	사후검사
	A	$O_1O_2O_3$	X	$O_4O_5O_6$

→ 시간

[그림 5-6] 시계열 설계

3.2 순수실험설계(true experimental design)

연구자에 따라서 진실험설계, 연구실 실험설계, 임의(randomized) 실험설계 등의 용어를 사용하기도 한다. 순수실험설계는 ① 통제집단, ② 무선 집단구성, ③ 사후 측정의 세 가지를 특징으로 가지고 있다. 대상을 무작위로(random) 선정하며 외부변수나 환경에 대한 철저한 통제와 함께 독립변수에 대한 조작이 가능하다. 이러한 특징으로 실험의 재연 가능성이 높고 분명한 인과관계의 검증이 가능하다는 점이다. 순수실험설계는 독립변인의 효과나 인과관계를 검증하고 이를 바탕으로 가설을 검증하여 이론의 예측 타당성 검증을 목적으로 하고 있다. 교육 현장에서는 순수실험설계를 그대로 적용하면 좋겠지만 실험실이 아니기 때문에 여러 가지 어려움이 있을 수 있다.

(1) 유형 1. 통제집단 사후검사 설계

단순무선설계(Simple Randomized Design)이라고도 한다. 무선으로 집단을 A, B로 선정한 후 A그룹은 실험처치를 실시하고 B그룹은 통제하여 사후 검사를 실시한다. 사후검사 결과를 비교하여 실험처치의 효과를 알아본다. 실험처치 효과 크기는 $O_2 - O_1$로 나타낸다. 사전검사가 어려울 경우가 많기 때문에 실제적으로 유용하다. 실시하기 어렵거나 고비용이 드는 경우 등은 사전 검사가 어려울 수 있다. [그림 5-7]은 이질통제집단 사전사후검사 설계를 도식화하여 나타내고 있다. 이질집단 사후검사 설계와 비교해 보면 통제집단이 있다는 점에서 공통적이지만 무선표집이라는 점에서는 차이가 있다.

무선	그룹	사전검사	실험(처치)	사후검사
R	A		X	O_1
R	B			O_2

→ 시간

[그림 5-7] 통제집단 사후검사 설계

(2) 유형 2. 통제집단 사전사후검사 설계

무선으로 집단을 A, B로 선정한 후 사전 검사를 먼저 실시한다. A그룹은 실험처치를 실시하고 B그룹은 통제하여 사후검사를 실시한다. 두 집단의 사전 사후검사의 차이를 비교함으로써 실험처치의 효과를 알아본다. 실험처치 집단(A그룹)이 통제집단보다 사전 사후검사 차이가 충분히 크고 이것이 통계적으로 유의할 때 실험처치가 효과적이라고 주장할 수 있다. 실험처치 효과의 크기를 $(O_2 - O_1)$-$(O_4 - O_3)$로 나타낼 수 있다. [그림 5-8]은 통제집단 사전사후검사 설계를 도식화하여 나타내고 있다. 이질집단 사전사후검사 설계와 비교해 보면 통제집단이 있다는 점에서 공통적이지만 무선표집이라는 점에서는 차이가 있다.

무선	그룹	사전검사	실험(처치)	사후검사
R	A	O_1	X	O_2
R	B	O_3		O_4

→ 시간

[그림 5-8] 통제집단 사전사후검사 설계

통제집단 사전사후검사 설계의 예를 들어보면 다음과 같다. 김교사가 제작한 과학 실험실습 비디오자료가 학생들의 과학실험 능력 향상에 미치는 영향을 알아보는 연구를 한다고 가정하자. ① 무선집단 구성: 통제집단 사후검사 설계를 적용하기 위해 먼저 자신이 맡고 있는 두 반을 임의로 선정한다. ② 두 집단을 대상으로 과학실험 능력 측정도구를 통해 사전검사를 실시한다. ③ 실험집단에게는 제작된 과학 실험실습 비디오 자료를 활용하고 통제집단은 활용하지 않는다. ④ 과학실험 능력 측정도구를 활용하여 사후검사를 실시한다. ⑤사전 사후검사의 차이를 통계적으로 분석한다.

(3) 유형 3. 솔로몬 4집단 설계

유형 2에 사전검사 자체의 영향력까지 제거함으로써 타당성을 높인 실험설계 방식으로 솔로몬이 제안하였다. 무선으로 A, B, C, D 그룹에 피험자를 무선 배치한다. A, B 그룹은 사전검사를 실시한다. C, D 그룹은 사전검사를 실시하지 않는다. A, C 그룹은 실험처치를 실시한다. A, B, C, D 그룹 모두 사후검사를 실시한다. [그림 5-9]는 솔로몬 4집단 설계를 도식화하여 나타내고 있다. 4집단을 무선으로 설정하고 동시에 실험집단과 통제집단을 관리해야 하기 때문에 실험설계 실행과정과 분석과정이 복잡한 단점이 있다.

무선	그룹	사전검사	실험(처치)	사후검사
R	A	O_1	X	O_2
R	B	O_3		O_4
R	C		X	O_5
R	D			O_6

→ 시간

[그림 5-9] 솔로몬 4집단 설계

(4) 유형 4. 일원적 요인설계

요인설계(factorial design)란 둘 이상의 독립변인을 고려하는 연구설계를 말한다. 독립변인의 수에 따라 일원적 요인설계, 이원적 요인설계, 다원적 요인설계로 구분할 수 있다. 일원적 요인설계란 하나의 독립변인이 둘 이상의 속성을 가질 때 종속변인과의 관계를 알 수 있다. [그림 5-10]은 일원적 요인설계를 도식화하여 나타내고 있다.

무선	그룹	사전검사	실험(처치)	사후검사
R	A	O_1	X_1	O_2
R	B	O_3	X_2	O_4
R	C	O_5		O_6

→ 시간

[그림 5-10] 일원적 요인설계

일원적 요인설계의 예를 들어보자. 박 교사는 사회과 교과에서 교수방법이 학업성취도 향상에 미치는 영향을 알아보는 연구를 한다고 가정하자. 교수방법이라는 독립변인에 대해 박 교사가 토의식 교수방법과 발표식 교수방법을 고안하였다. 이 교수방법들이 어떠한 영향을 알아보자 한다면 ① 학생들을 무선으로 세 집단으로 구성한다. ② 세 집단(A, B, C)을 대상으로 사회과 학업성취도에 대한 측정도구를 활용하여 사전검사를 실시한다. ③ 어느 정도 기간 후 A집단은 토의식 교수방법을 실시하고, B집단은 발표식 교수방법을 실시하고, 통제집단으로 C집단은 아무런 실험처치를 받지 않는 평상시 방식으로 수업을 실시한다. ④ 사회과 학업성취도 측정도구를 활용하여 사후검사를 실시한다. ⑤ 사전 사후검사의 차이를 통계적으로 분석한다. 분석을 통해 교수방법 유형이라는 독립변인이 학업성취도에 미치는 효과를 알아볼 수 있게 된다.

(5) 유형 5. 이(다)원적 요인설계

이원적 요인설계란 두 개의 독립변인이 하나의 종속변인에 미치는 영향을 알아 볼 때 사용하는 실험방식이다. 그리고 다원적 요인설계란 세 개 이상의 독립변인들이 하나의 종속변인에 미치는 영향을 알아 볼 수 있다. [그림 5-11]은 이원적 요인설계를 도식화하여 나타내고 있다.

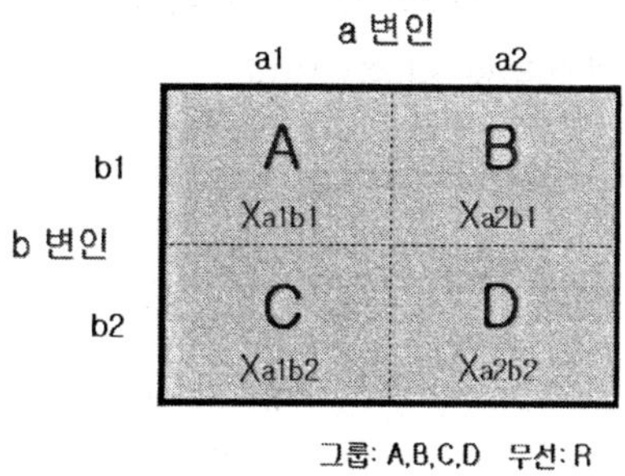

[그림 5-11] 이원적 요인설계

이원적 요인설계의 예를 [그림 5-11]과 연관시켜 적용해 보자. 최 교사는 영어 교과에서 교수방법(a변인)과 교수매체(b변인)가 이 학업 성취도(종속변인) 향상에 미치는 영향을 알아보는 연구를 한다고 가정하자. 교수방법이라는 독립 변인에는 전통적 교수방법(a1)과 토의식 교수방법(a2)을 고안하였다. 교수매체는 오디오 매체(b1)와 비디오 매체(b2)를 개발하였다. 연구설계의 절차는 ① 학생들을 같은 수의 네 개의 집단(A, B, C, D 그룹)이 되게 무선으로 구성한다. ② A 그룹은 전통적 교수방법과 오디오 매체를 활용하여 수업을 한다. B 그룹은 토의식 교수방법과 오디오 매체를 활용하여 수업한다. C그룹은 전통적 교수방법과 비디오 매체를 활용하여 수업한다. D그룹은 토의식 교수방법과 비디오 매체를 활용하여 수업한다. ③ 어느 정도 기간 후 A집단은 토의식 교수방법을 실시하고, B집단은 발표식 교수방법을 실시하고, 통제집단으로 C집단은 아무런 실험처치를 받지 않는 평상시 방식으로 수업을 실시한다. ④ 실험처치 후 네 집단 모두 사후검사를 실시한다. ⑤ 교수방법, 교수매체, 교수방법과 교수매체의 상호작용의 영향을 분석하여 결과 정리한다.

위 예시에서 교수방법(a 변인)에 따른 학업성취도 차이는 A와 C 그룹 평균과, B와 D 그룹의 평균을 비교함으로 알 수 있다. 교수매체(b 변인)에 따른 학업성취도 차이는 A와 B 그룹 평균, C와 D 그룹의 평균을 비교함으로써 알 수 있다.

제6장 조사연구

1. 주요 용어와 기초 개념
2. 조사연구의 개념과 절차
3. 설문지 작성절차와 유의점
4. 설문지 활용 연구 사례

본 장에서는 교육학 연구 영역에서 조사연구를 수행하기 위한 기초적인 내용을 이해하고자 한다. 이를 위해서 언제 조사연구의 개념과 절차를 생각해보고, 자주 사용되는 용어를 정리한 후 교육학 연구에서 적용이 설문조사와 설문지를 활용한 연구사례를 살펴보겠다.

1 주요 용어와 기초 개념

1.1 측정 수준에 따른 척도 유형

(1) 명목척도

연구자가 연구대상을 유목화하기 위해 사용한 척도를 말한다. 예를 들면 남자에게는 1, 여자에게는 2의 값을 부여했다면 이때 성별에 사용한 척도는 명목척도이다. 따라서 1, 2의 의미는 더할 수 있는 '숫자 값'이라기보다는 명목1, 명목2와 같은 '이름(명목)'을 나타낸다. 서로 더하거나 차이를 내거나 하는 것이 의미가 없고 이름 자체가 의미를 가진다. 학생 이름, 성별 등이 예가 될 수 있다.

(2) 서열척도

어떠한 자료는 순서적으로 서열화할 수 있다. 이때 상대적 위치를 서열화 할 수 있는 자료의 유형을 서열척도라고 한다. 먼저 학교에 도착한 학생을 기준으로 1, 2, 3, 4…… 의 번호를 매긴다면 이 번호는 서열척도에 해당된다. 학교에서 중간고사 석차, 인기가요 순위 등이 예가 될 수 있다.

(3) 등간척도

자료 간의 간격이 일정할 경우 등간척도라고 한다. 앞의 서열척도의 예로 들면, 학생들은 학교에 도착한 순서대로 서열을 매길 수 있지만, 1등으로 도착한 학생과 2등으로 도착학생의 간격, 3등과 4등간의 간격은 일정하지 않다.

그러면 수학성적으로 생각해보자. 철수가 90점, 영희가 80점을,

인영이가 85점을 획득하였다면 이것은 철수, 인영, 영희의 서열척도로 나타낼 수 있음과 동시에 철수는 영희보다 10점 그리고 인영이보다는 5점 더 높은 점수를 얻었다고 말할 수 있다. 여기에는 점수자료 간의 간격이 일정하다는 등간척도의 개념이 포함되어 있다.

등간척도는 급간을 더하거나 뺄 수 있는 것이다. 크다 작다의 서열뿐 아니라 둘 차이를 단위를 사용하여 나타낼 수 있다. 이때 기준점인 '0'은 측정 대상에 따라 자의적일 수 있다. 예를 들어 지능지수, 학습자 만족도, 자기효능감 점수 등이 예가 될 수 있다.

(4) 비율척도

절대적 기준점 '0'을 가진 척도를 가질 경우 비례 수준 측정이 가능한 비율척도가 된다. 등간척도가 상대적 기준점을 가진 것이라면 비율척도는 절대적 기준점을 가지고 있다.

예를 들면, 지능지수가 100인 사람은 50인 사람보다 2배 머리가 좋은 것인가? 지능지수는 등간척도를 사용하고 있으므로 비율적 수준을 말하기 어렵다. 반면 나이가 40세인 사람은 10세인 사람보다 나이가 4배 많은가? 그렇다. 나이의 측정단위는 절대 기준점을 가지고 있기 때문에 비율적인 측정이 가능한 것이다. 이처럼 체중, 나이, 몸무게, 경제성장률 등이 비율척도의 예가 될 수 있다.

1.2 자주 사용하는 척도 개념

(1) 리커르트 척도(Likert scale)

일반적으로 조사연구에서 가장 많이 사용하는 문항으로 묻는 문항에 대해 긍정적 응답과 부정적 응답을 동일한 방식으로 응답하는 방식이다. 대체로 응답 범주는 5개에서 7개를 많이 사용한다. 여러분이 관련된 논문을 읽을 때 '5점 리커르트 척도를 사용하였다'라고 표현한 부분을 자주 보았을 것이다. 이것은 5개의 응답 범주를 사용했다는 의미이다.

〈표 6-1〉 리커르트 척도의 예

측정문항(예)	전혀 아니다	아니다	보통이다	그렇다	아주 그렇다
이번 연수강좌를 통해 경험한 정보화 교사연수 프로그램에 만족한다.				V	

(2) 의미분화 척도(Semantic differential scale)

척도의 양극단에 반대의 의미를 가지는 형용사를 배치함으로써 연구대상자가 느끼는 의미의 정도를 파악하는 척도이다.

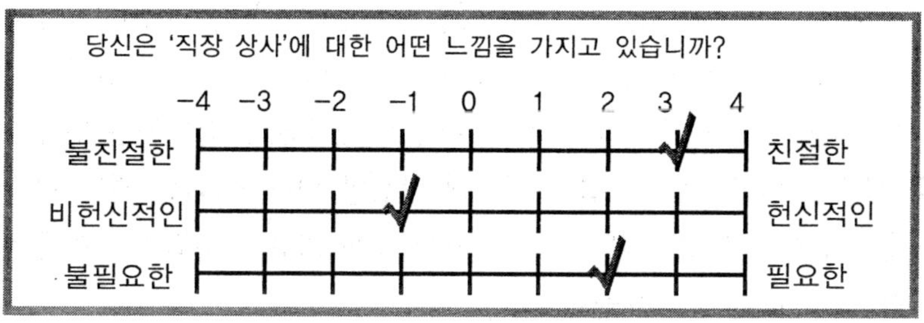

[그림 6-1] 의미분화 척도의 예

(3) 서스톤 척도(Thurstone scale)

서스톤에 의해 개발된 방법으로 어떤 사실에 대한 양극단적인 태도를 하나의 수치로 부여하는 척도이다. 이때 양극단적인 태도는 등간격으로 되어 있다.

아래 기준에 따라 여러분이 직장상사에 대해 생각하는 태도에 점수를 부여해 주세요.

비호의적 1 2 3 4 5 6 7 8 9 호의적

[그림 6-2] 서스톤 척도의 예

2 조사연구의 개념과 절차

2.1 조사연구의 개념

조사연구란 실험연구와는 달리 통제되지 않은 환경에서 연구문제와 관련된 질문에 대한 응답 자료를 바탕으로 연구하는 방법이다. 실험연구가 실험처치 변인에 주요 관심이 있다면, 조사연구는 현재의 상태가 어떠한지 그 결과 현상에 관심이 있다. 이러한 결과 현상을 설문이나 면접 등과 직접 물어봄으로써 자료를 수집하고 이를 분석하여 연구결과를 도출한다.

연구목적에 따라 사전연구나 사전지식이 없는 경우 실시하는 탐색적 조사연구, 현황이나 현상파악을 위해 실시하는 기술적 조사연구, 현상을 해석하고 설명하기 위한 설명적 조사연구로 구분할 수 있다.

조사연구의 목적은 조사하고자 하는 문제에 대한 정보와 해결책을 제공하기 위해서 이다. 조사연구의 목적을 효과적으로 달성하기 위해서는 체계적인 절차와 방법이 있어야 한다. 이러한 체계적 절차와 방법을 본 절에서는 '조사연구의 절차' 부분을 통해 제시하고 있다. 연구자에 따라서는 어떻게 조사를 진행할 것인가 계획과 전략을 수립하는 것을 조사설계라고 개념화하여 제시하기도 한다. 조사설계는 사전에 많은 문제점을 미리 파악함으로써 실제 조사에서 나타나는 여러 오차를 줄여 연구의 신뢰도와 타당도를 증진시키는 데 기여한다. 실험연구와 비교해서 생각해 보자. 실험연구는 변수에 대한 확실한 통제와 조작이 가능했다. 하지만 조사연구에서는 종속변수에 미치는 수많은 독립변인을 다루어야 하고, 측정이 불가능하거나 애매한 개념도 많기 때문에 조사설계를 통해 변수에 대해 조작적으로 정의하고 측정할 수 있게 해 준다. 본 절의 '조사연구의 절차'에서 구체적인 방법과 절차를 제안하였다.

교육학 연구에서는 실험연구와 함께 많이 쓰이는 연구방법 중 하나이다. 실험연구가 연구문제를 탐색하기위해 연구 대상자를 대상으로 실험처치를 하는 과정에서 많은 윤리적 부담을 안고 있는데 비해 상대적으로 조사연구는 그러한 부담이 적다는 관점에서 교육현장 연구에서 많이 활용되고 있다. 농어촌 교육의 실태, 학생들의 시청각 매체에 대한 선호도 조사, 영어조기교육 도입에 따른 학부모 견해 등의 주제는 연구방법으로 설문조사나 면접(interview) 등과 같은 조사연구 방법이 적합할 것이다.

2.2 조사연구의 절차

조사연구도 1장에서 소개한 7단계의 교육학 연구절차와 마찬가지로 단계적인 진행 절차를 따름으로써 효과적인 연구를 수행할 수 있다. 조사연구는 '누구를' 대상으로 '무엇을' 조사할 것인가에 따라 달라질 수 있지만 대체로 설문지를 이용하거나 조사자가 직접 면담을 통해 자료를 수집한다.

일반적이고 구체적인 단계를 소개하면 [그림 6-3]과 같다.

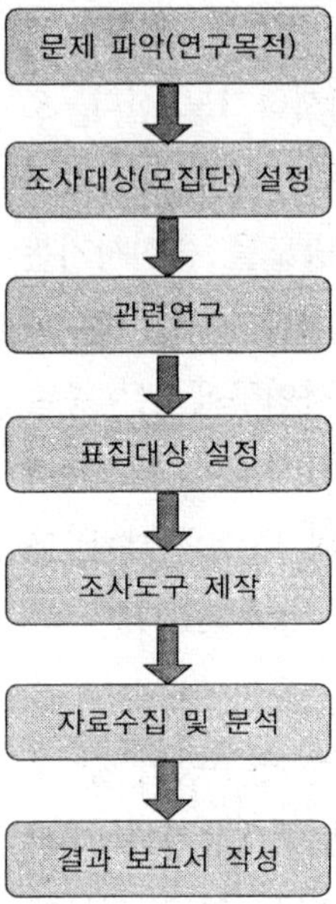

[그림 6-3]
조사연구 절차

첫째, 문제를 파악하고 연구목적을 수립하는 단계이다. 가장 첫 단계로 조사연구를 통해 연구자가 알고자 하는 것이 무엇인가를 고민하는 것이 중요하다. 이러한 고민을 통해 조사목적과 조사영역, 조사내용을 정할 수 있다.

둘째, 조사대상(모집단) 설정단계이다. 첫 번째 단계와 연관하여 연구자의 조사목적이 누구를 대상으로 하는지 구체적으로 생각해 본다. 대학생들을 대상으로 하는 물음인지 교사를 위한 물음인지 등의 조사대상의 모집단을 어떻게 설정할 것인지를 설정하는 단계이다.

셋째, 관련 연구를 통하여 선행사례를 파악하는 단계이다. 관련 문헌이나 선행연구사례는 연구자가 설정한 연구목적을 보다 견고하게 해 줄 뿐만 아니라 선행연구자가 사용한 설문문항의 연구결과를 살펴봄으로써 앞으로 실시될 연구의 방향을 명확히 할 수 있다. 또, 관련된 연구도구에 대한 정보도 확보할 수 있을 것이다.

넷째, 표집대상을 선정단계이다. 두 번째 단계에서는 연구문제와 연관하여 조사대상을 모집단 차원에서 선정하였다면 선행연구 및 관련연구의 검토가 끝난 시점에서는 구체적인 표집대상을 선정한다. 이를 통해 다음 단계의 조사도구 제작 전 표집대상자에 맞는 어휘, 문장 등을 고려할 수 있다. 또한 조사 계획단계에서 표집대상과의 일정, 조사방법 등이 정해져야 한다. 예를 들어 학생들을 대상으로 하는데 구체적인 표집대상이 부산 시내의 초등학교 5, 6학년으로 정해졌다면, 구체적인 대상 학교 및 반이 선정되어야 하며 사전에 연구의 내용과 관련하여 협조가 있어야 할 것이다. 그리고 설문지나 면접 등에 대한 사전 협의가 이뤄질 수 있다.

다섯째, 조사도구 제작 단계이다. 표집대상에 최적화된 구체적인 도구를 제작하는 단계이다. 설문조사는 설문지가 제작되어야 하며, 면접조사는 면접 시 활용할 수 있는 문항이 제작되어야 하는 단계이다. 조사방식에 따라 경비와 시간, 면접원 등의 훈련에 대해서도 이 단계에 미리 고려가 되어야 할 것이다.

여섯째, 자료수집 및 분석단계이다. 이 단계는 실제 조사가 실행되는 단계로 연구의 규모에 따라 예비조사를 실시할 수 있다. 조사연구에서 가장 중요한 것은 자료수집일 것이다. 예비조사를 실시하면 예기치 못한 문제상황을 미리 확인할 수 있기 때문이 내용이나 절차의 수정을 할 수 있다.

일곱째, 결과보고서 작성단계이다. 조사결과에 대한 분석을 마친 후 결과를 바탕으로 조사목적에 맞는 보고서를 작성한다.

2.3 조사연구의 형태

조사연구는 연구자를 대상으로 연구자가 알고자 하는 내용을 '질문'을 통해 얻는 방법이다. 질문을 제작하여 설문지, 우편, 전화, 면담 등의 방법을 통해 자료를 수집하는 것이다. 따라서 조사연구는 설문지법과 면접법의 두 가지 형태로 구분할 수 있다.

설문지법은 '설문지'를 제작하여 우편이나 직간접적 방법으로 전달하여 실시할 수 있다. 최근에는 인터넷 기술의 발달로 웹을 통한 인터넷 설문조사나 이메일을 통한 설문도 많이 활용되고 있다. 설문지에 대한 자세한 설명은 3절에 추가하였다.

면접법은 '면접'이라는 방식을 활용하여 조사하는 방식이다. 면접방식에는 개별면접, 포커스 그룹면접, 집단면접, 전화면접 등으로 구분할 수 있다. 개별면접은 연구자가 연구대상자와의 면담을 통해 이뤄지는 형식이라면, 포커스 그룹면접이나 집단면접은 여러 명의 연구대상자들을 대상으로 동시에 이뤄지는 형식이다. 반면 전화면접은 직접적 대면없이 전화를 통해 질문과 응답하는 형식으로 이뤄지는 방식이다.

면접은 다양한 용도로 활용될 수 있다. 설문지 작성을 위한 예비조사 형태의 역할을 할 수도 있고 자료 수집의 주된 도구가 될 수도 있다. 관찰이나 설문, 실험 등의 자료를 보충하거나 인간 내면의 심리과정이나 사고과정을 관찰하기 위해 관찰하기 위해 사용할 수도 있다.

면접법은 복합적 내용이나 과정을 쉽게 알 수 있다는 점, 질문에 대한 응답자의 깊이 있는 답변을 수집할 수 있다는 점, 응답자가 가진 여러 가지 특성에 따른 정보도 수집이 가능하다는 점 등의 장점을 가지고 있다. 반면 표준화된 자료 수집이 어렵고, 면접자가 누군가에 따라 결과가 달라질 수 있으며, 설문에 비해 비교적 절차가 까다롭고 비용이 많이 들 수 있다는 단점이 있다.

면접의 종류에는 표준화면접과 비표준화 면접이 있다.

표준화 면접은 구조화면접, 지시적 면접이라고도 한다. 이는 면접에서 사용할 질문과 제시방식, 예상 답변 등이 체계적 계획과 절차에 따라 모든 응답자에게 적용된다. 표준화 면접의 장점은 면접자 훈련이 비교적 쉽고 수집된 자료의 신뢰도가 높다는 점이다. 반면 계획되지 않은 정보를 발견하지 못할 수 있다는 점이 단점이다.

비표준화 면접은 표준화된 질문이나 절차 없이 대상에 따라 자유로운 질문을 통해 자료를 수집하는 것을 말한다. 따라서 연구자가 수집할 자료가 무엇인지 정확히 인식하고 있어야 한다. 비표준화 면접은 새로운 사실이나 계획되지 않은 정보를 발견할 가능성이 높은 장점이 있는 반면 면접자의 숙련도에 따라 자료의 신뢰도가 달라질 수 있고 수집된 자료에 대한 일관적 분석이 쉽지 않다는 단점이 있다.

면접을 실시하기 위해서는 장소의 선정, 좌석배치 등을 고려하여 쾌적한 환경을 구성하여야 하며 원활한 자료수집을 위하여 피면접자와의 라포형성이 우선되어야 한다. 피면접자가 어린이, 노인 등과 같이 질문내용을 이해하기 어려워하거나 집중에 문제가 있을 수 있으므로 이에 대한 고려가 있어야 한다. 예를 들어, 4세 이하의 어린이 경우 인형이나 그림 등과 같은 보조도구를 활용하여 놀이를 통한 면접을 실시하기도 한다.

3 설문지 작성절차와 유의점

3.1 설문지 작성절차

설문지 작성에 대한 정확한 이해는 연구문제를 설문화 하는데 도움을 줄 뿐만 아니라 조사결과를 이용하고 해석하는데도 도움을 줄 수 있다. 같은 연구목적을 가진 설문조사가 그 결과에서 차이가 나타나는 것은 설문문항이 묻고자 하는 것을 제대로 물었는지의 차이, 분석으로 인한 해석상의 차이, 표집한 표본의 특성적 차이, 결과제시 방법의 차이 등 다양하게 나타난다. 이 중 가장 큰 원인이 설문문항의 차이이다. 묻고자 하는 문항을 어떻게 작성하는가에 따라 전혀 다른 물음이 될 수 있다. 여기에 설문지 작성을 생각해 보아야하는 이유가 있는 것이다. 설문지 작성은 앞에서 제시한 조사도구 제작의 단계로써 조사연구 절차 중 하나로 이해될 수 있다. 설문지 작성절차를 간략히 ① 연구문제와 관련된 설문목적 파악

② 설문문항 내용과 순서 결정 ③ 질문유형 결정 ④ 사전조사와 문항수정 ⑤ 최종 설문지 제작 완료 및 조사 준비의 5가지로 정리할 수 있다.

첫째, 연구문제와 관련된 설문목적 파악은 필요한 정보가 무엇인지 파악하는 단계이다. 조사연구 절차의 문제파악과 연결될 수 있다. 필요한 정보에 따라 설문문항은 미묘하게 달라질 수 있기 때문에 최초 설정한 연구문제와 필요한 자료를 생각해 보는 것이 필요하다.

둘째, 설문문항 내용과 순서결정 단계이다. 설문문항의 내용은 연구조사단계의 관련연구단계에서 선행연구들의 검토와 선행연구자들이 조사한 설문내용에 대해 미리 파악하고 있다는 전제가 있다. 이들 중 신뢰도와 타당도가 높은 문항내용을 그대로 사용할 것인지 아니면 새로운 문항을 만들어야 할 것인지 등은 연구의 목적과 내용에 따라 달라질 수 있다. 이 같은 고민 후에 설문내용을 구성하고 제시될 순서를 결정한다. 문항구성은 먼저 설문에 대한 목적 및 안내 사항을 가장 먼저 배열한다. 흥미있는 내용을 앞부분에 배치하고 어렵거나 심각한 질문 등은 가운데 배열한다. 인구통계학적 배경 등을 묻는 문항은 맨 뒤에 배치한다. 그 외 설문지 내용을 구성할 때 유의해야 할 사항들은 다음과 같다.

- 하나의 질문에 하나의 내용이 들어가게 표현한다.
- 어려운 개념이나 용어 등은 충분한 설명을 한다.
- 설문 응답자가 쉽게 대답할 수 있게 한다.
- 가치 중립적으로 기술한다.
- 응답자를 불쾌하게 하는 질문은 삼간다.
- 질문은 명료히하고 당연한 질문은 제거한다.
- 질문의 초점을 명확히 한다.

셋째, 질문유형을 결정한다. 같은 내용이라도 어떻게 묻는가에 따라 전혀 다른 응답을 도출할 수 있다. 일반적으로 질문유형에는 개방형 질문과 폐쇄형 질문으로 구분할 수 있다. 개방형 질문은 질문에 대해 자유롭게 답하는 방식을 말한다. 반면 폐쇄형 질문은 여러 개 중에 하나를 택하는 선택형 질문을 말한다. 개방형 질문은 응답이 너무 자유로울 수 있기 때문에 반구조화된 개방형 질문지를 개발하기도 한다. 개방형 질문은 질적인 데이터 수집을 위한 자료조사, 예비조사 혹은 전문가의 의견 수집을 위해 주로 사용한다. 연구자가 미처 생각지 못한 내용을 찾을 수 있고 복합적 내용을 얻을 수 있는 장점이 있는 반면 결과 처리나 해석의 어려움이 있을 수 있다. 폐쇄형 질문은 연구자가 몇 개의 범주를 주고 응답을 하게 하는 것이다. 답변이 표준화 되어 있어 응답이 용이하고 코딩이 쉬우며 결과처리도 용이한 장점이 있는 반면 선택항목 중 적절한 답이 없거나 잘못 이해 및 무성의한 응답으로 결과를 신뢰할 수 없는 경우가 발생할 수 있다.

넷째, 사전조사와 문항수정 단계이다. 사전조사는 문항검토와 수정을 위해 실시한다. 전문가에게 문항을 검토 받거나 응답대상자의 일부를 바탕으로 실시한다. 문항이 묻고자 하는 것을 묻고 있는지, 응답 시간은 어떻게 되는지, 이해하기 어려운 곳은 없는지 등을 파악하여 문항을 수정한다.

다섯째, 최종 설문지 제작완료 단계이다. 설문지 제작완료는 표집을 통한 연구 대상자들에게 다시 설문지 자료를 배포, 수집, 분석을 위한 준비가 다 되었음을 나타낸다.

3.2 설문지 작성 유의점

연구자는 설문지의 질문을 만들기 전 질문의 목적, 내용, 범위, 형식, 질문방법 등을 미리 정하면 작성이 용이하다. 설문지 작성 전에 유의해야 할 사항으로 다음과 같은 세 가지를 제시할 수 있다.

첫째, 질문의 목적, 내용, 범위에 대해 정한다. 연구의 목적에 부합되게 질문에 대해 고민하고 내용을 구성하는 것이 중요하다. 또한 질문의 범위를 대상에 맞게 간결하면서도 구체적으로 작성해야 할 것이다.

둘째, 질문의 형식을 결정한다. 질문의 형식은 설문지가 될 수도 있고 구체적인 물음이 될 수도 있다. 설문지가 된다면 인쇄형태, 질문지의 크기, 글자크기, 문항의 순서 등이 대상자에 맞게 고려되어야 할 것이다. 예를 들어, 대상자가 유치원생이나 초등학교 저학년이라면 문자해독능력이 부족하고 주의집중력이 낮은 특징이 있기 때문에 설문지 보다는 면담과 같은 형식으로 자료를 수집해야 할 것이다.

셋째, 질문방법을 결정한다. 구체적인 방법에는 우편조사, 전화조사, 면접 및 면담, 자기보고법 등의 다양한 방식이 있을 수 있다. 역시 연구대상자의 상황과 특징에 맞게 결정되어야 할 것이다.

4 설문지 활용 연구 사례

설문지는 조사연구를 수행하기 위한 손쉽고 간편한 도구로써 자주 활용된다. 본 절에서는 연구논문 작성에서 설문지 도구를 활용한 사례를 탐색해 보고 어떠한 식으로 논문을 작성하였는지 작성절차를 조사연구 절차에 맞춰 설명하고자 한다. 사례연구의 대상으로 필자가 작성한 “학습자 인식 분석을 통한 여성 공학교육 방향 탐색 사례 연구”(허균, 원효헌, 이운식, 2007) 논문을 바탕으로 하였다.

설문지는 연구자가 수집하고자 하는 정보나 해결방안을 도출하는 데 사용될 수 있는 손쉬운 도구이다. 이러한 설문이 연구과정에서 어떻게 활용되어 연구논문으로 나타나는지의 연구과정을 2절에서 소개한 조사연구 절차 7단계에 맞춰 설명해 보고자 한다.

조사연구의 단계는 첫째, 문제파악과 연구목적을 수립하는 단계이다. [그림 6-4]는 “학습자 인식 분석을 통한 여성 공학교육 방향 탐색 사례 연구”의 국문요약을 나타낸다(허균, 원효헌, 이운식, 2007). 이 연구의 요약에 따르면 여학생들의 공학교육 방향을 탐색하기 위해 학습자들이 인식하고 있는 현황을 ‘인식분석 조사’의 설문 분석을 통해 결론을 이끌어 내고 있다. 연구의 목적은 현재 학생들의 공학교육에 대한 인식 현황과 이 분석결과를 통해 여학생 공학교육의 방향을 탐색하는 것이다.

정보화 사회에서 여성의 사회 참여와 인적 개발은 국가 경쟁력 강화의 필수 요건이 되었다. 최근 공학계열에서도 꾸준히 여성 인력이 늘어나고 있으며, 여성들의 특성인 섬세함과 정확성은 공학인으로 성공할 수 있는 중요한 요인으로 인식되기도 한다. 하지만, 공학교육에서 여성을 위한 제도나 환경적 배려가 없는 실정이며, 여성인적자원 개발을 위한 체계적 연구들은 많이 부족한 실정이다. 본 연구에서는 학습자 인식 분석을 바탕으로 여성공학교육의 방향을 탐색해 보고자 하였다. 이를 위하여 여성 공학교육에 대한 인적자원 개발적 맥락 관점과 교수학습 방법적 관점에서 문헌조사를 실시하였으며, 공학교육에 대한 학습자 인식 분석과 전문가 협의 등을 통한 여학생 공학교육의 현황과 앞으로 나아갈 방향에 대한 권고사항들을 제안하였다. 399명(남: 206명, 여: 193명)의 *P* 대학 학습자 인식을 분석한 결과에 따르면 (a)교과이론 이해도, (b)만족도, (c)동기, (d)학습 능력, (e)부모 기대, (f)수업 즐거움, (g)교과 성적 기대에서 성별에 따른 유의미한 차이가 나타났다. 이를 바탕으로 권고사항을 인지적 영역, 정의적 영역, 동기적 영역, 교수학습 전략 및 환경 제도 개선 영역의 관점에서 도출하였다. 본 연구 결과는 여성 인적자원개발을 위한 단초를 제공하는 역할을 할 것이라 기대한다.

[그림 6-4] 설문지를 활용한 연구 사례 요약(abstraction) 예시
(허균, 원효헌, 이운식, 2007: 21)

둘째, 조사대상 설정은 요약 내용을 통해 알 수 있다. [그림 6-4]

에 따르면 조사대상을 P대학교로 한정하고 있다. 이를 통해 대학생들의 여학생 공학교육에 대한 인식도를 탐색하고자 한다는 것을 알 수 있다.

셋째, 선행연구를 파악하는 단계이다. [그림 6-5]는 예시로 살펴보고 있는 논문의 전체적인 연구절차를 나타내고 있다. 이 그림에 따르면 문헌분석과 재학생 실태 자료를 바탕으로 설문지를 제작하여 설문조사가 이뤄짐을 알 수 있다. 따라서 설문지를 도구로 하는 연구라면, 선행적인 이론적 근거나 지표들을 활용하여야 하며 선행연구 파악 단계에서 충분히 조사되어야 한다.

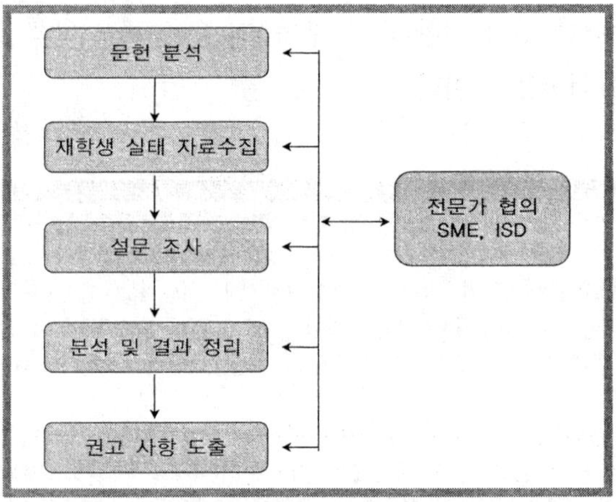

[그림 6-5] 설문조사를 활용한 연구절차 예시

넷째, 표집대상을 선정 단계이다. 연구의 요약을 통해 표집대상은 P대학교 학생 399명(남: 209명, 여: 193명)으로 선정한 것을 알 수 있다.

〈표 6-2〉 설문문항 내용 정리 예시(허균, 원효헌, 이운식, 2007, p.27)

주요 요소 항목	설문 문항 내용	비고
①-1 이해도(내용)	나는 현재 받고 있는 공학교육 교과 내용을 충분히 이해한다.	
①-2 이해도(교과이론)	나는 공학교육 교과를 통해 해당 교과의 이론을 잘 이해한다.	
② 만족도	나는 현재 받고 있는 공학교육 교과에 대해 만족한다.	
③ 동기(학습의욕도)	나는 공학교육에 대한 학습의욕이 높다.	
④ 중요성	나는 공학교육 교과가 중요한 것이라고 생각한다.	
⑤ 학습 능력	나는 공학교육 학습을 위한 충분한 능력을 가지고 있다.	
⑥ 내용 현실 반영도	현재 진행되는 공학교육은 현실에 맞는 과제나 주제를 반영하고 있다.	
⑦ 미래 직무 응용도	공학교육 교과는 미래 직무에 응용할 수 있다.	
⑧ 부모 기대	부모님은 공학교육 교과를 열심히 공부하기를 바란다.	
⑨ 수업 즐거움	공학교육 교과 학습을 위해 공부하는 것은 내게 즐거운 일이다.	
⑩ 수업 참여도	공학교육 관련 교과의 수업활동에 적극 참여한다.	
⑪ 교과 점수 기대도	나의 공학교육 교과 점수는 상위권일 것이다.	
⑫ 학업성취도	나는 지난 학기 공학교육 교과에서 좋은 성적을 거두었다.	

다섯째, 조사도구 제작단계이다. [그림 6-4]의 요약문을 통해 여학생 공학교육에 대해 어떻게 학습자들이 인식하는지 알아보는 설문을 사용하였다는 것을 알 수 있다. 연구논문의 본문에는 설문문항 내용 정리표를 <표 6-2>와 같이 제시함으로써 조사하고자 했던 목적에 맞는 주요 요소 항목들과 구체적인 설문 문항내용을 제시하고 있다.

여섯째, 자료수집 및 분석단계이다. 자료의 수집은 <표 6-2>를 내용으로 하는 설문지로 P대학교 학생들 399명의 데이터를 수집하였으며, 이 중에는 남학생 209명, 여학생 193명이 응답한 것을 알 수 있다.

〈표 6-3〉 설문문항 내용 정리 예시(허균, 원효헌, 이운식, 2007, p.29)

성별에 따른 공학교육에 관한 인식도 차이검증(*t-test*) n=399 (남:206, 여:193)

주요 요소 (설문 문항 요지)	집단	평균	표준편차	*t* 값	비고
①-1 이해도 (내용)	남	2.86	.902	1.882	
	여	2.69	.845		
①-2 이해도 (교과이론)	남	3.05	.930	2.539*	
	여	2.82	.872		
② 만족도	남	3.09	.919	3.322**	
	여	2.78	.943		
③ 동기(학습의욕도)	남	3.31	.915	2.558*	
	여	3.07	.947		
④ 중요성	남	3.63	1.115	.746	
	여	3.55	.900		
⑤ 학습 능력	남	3.12	.878	3.148*	
	여	2.85	.812		
⑥ 내용 현실 반영도	남	3.03	.905	1.222	
	여	2.92	.926		
⑦ 미래 직무 응용도	남	3.02	.902	1.499	
	여	2.89	.940		
⑧ 부모 기대	남	3.84	1.048	4.007**	
	여	3.41	1.096		
⑨ 수업 즐거움	남	3.02	.902	3.753**	
	여	2.67	.992		
⑩ 수업 참여도	남	3.42	.858	1.650	
	여	3.28	.933		
⑪ 교과 점수 기대도	남	2.89	1.011	2.206*	
	여	2.67	.975		
⑫ 학업성취도	남	2.78	1.097	.575	
	여	2.71	1.052		

*$p<.05$, **$p<.001$

자료의 분석결과는 연구논문에서는 <표 6-3>과 같이 집단 간 차이 검정으로 결과를 정리하고 있다. 설문지로 수집한 자료들은 <표 6-3>과 같이 여러 통계기법을 활용하여 분석될 수 있다. 또한 [그림 6-6]과 같이 특정한 항목을 중심으로 비교하여 설명할 수도 있다. 본서에서는 8장에서 SPSS를 활용하여 분석하는 사례를 소개하고 있다.

일곱째, 결과보고서 작성단계이다. 조사 결과에 대한 분석을 마친 후 결과를 바탕으로 해석적 관점과 함께 연구에 대한 결론을 이끄는 단계이다. 사례로 제시한 논문에서는 <표 6-3>과 같이 학습자의 인식 부분을 실증적인 설문 조사와 분석에 근거하여 교과이론 이해도, 만족도, 동기, 학습능력, 부모기대, 수업의 즐거움, 교과성적 기대에서 나타나는 통계적 차이를 바탕으로 여학생 공학교육의 방향을 제안하고 있다.

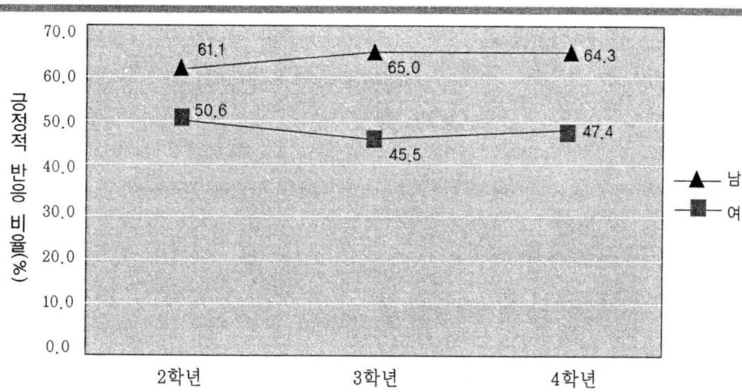

학년, 성별에 따른 공학교육에 대한 부모의 기대 정도

자세한 연구내용과 결과 정리방법 등은 "학습자 인식 분석을 통한 여성 공학교육 방향 탐색 사례 연구"(허균, 원효헌, 이운식, 2007)의 논문을 참고하기 바란다.

제7장 통합적 도구 활용

1. 집단비교와 통계 분석 도구
2. 인과관계 분석 도구
3. 질적자료 분석 도구
4. 참고문헌 정리 도구

과거에는 많은 자료를 찾고 분석하는데 많은 어려움이 있었으나 오늘날에는 통계학과 정보통신기술의 발달로 분석에 많은 편의를 제공하고 있다. 이에 연구자들은 이러한 기술과 친숙해질수록 보다 쉽게 자신의 연구문제를 규명할 수 있는 것이다.

이번 장에서는 교육학 연구를 수행을 위한 소프트웨어 도구에 관한 간략한 소개를 하고자 한다. 그리고 이후의 장(8장~12장)에서 구체적인 사용법을 설명하였다.

1 집단비교와 통계 분석 도구

1.1 집단비교 개관

교육학 연구에서는 흔히 집단 간 비교를 많이 하게 된다. 실험연구에서와 같이 실험집단과 비교가 되는 통제집단 간의 차이가 존재하는지 그리고 차이가 존재한다면 어떤 집단이 얼마나 차이가 큰지 등이 궁금할 것이다. 이러한 차이를 통계학의 개념을 가져와서 두 집단 혹은 세 집단을 비교하게 된다. 흔히 두 집단은 T검정을 실시하고, 세 집단 이상은 F검정을 실시한다.

1.2 집단비교 분석 도구들

집단비교와 관계분석을 위한 도구로 통계분석 패키지를 많이 활용한다. 많이 알려진 도구는 SPSS와 SAS이다.

[그림 7-1] SPSS 통계분석도구

이 중 교육학 연구에서 많이 활용되는 도구는 [그림 7-1]과 같은 SPSS이다. SPSS는 Statistical Package for the Social Science의 약자로 1969년에 사회과학분야의 데이터 분석 프로그램으로 출발하여 최근에는 거의 모든 통계분석 방법이 포함되어 있다.

1.3 통계분석 도구의 특징

SPSS 통계분석을 통해 교육학 연구과정에서 활용할 수 있는 주요 통계 분석에는 기초통계분석, 빈도분석, 기술분석, 교차분석, 평균비교, t-검정, 일원배치분산분석, 상관분석, 비모수검정, 선형회귀분석, 요인분석, 신뢰도분석 등이 있다(자세한 내용은 한국의 SPSS 지원 홈페이지 www.spss.co.kr을 참조 바란다).

앞 장에서 배운 조사연구, 실험연구 등에서 SPSS를 활용하여 통계적 유의도를 검정하여 논문작성에 활용한다. 두 집단이나 세 집단 간 차이를 보는 연구나 수집한 자료의 관계(상관, 회귀, 신뢰도 등)를 보는 연구에서 활용될 수 있다. 예를 들면, 전통적 교수법을 실시한 집단과 새로운 교수법을 실시한 집단과의 학업성취도 차이를 보고자 한다면 두 집단 간 비교를 통한 차이를 검증해야 할 것이다. 조사연구를 위해 설문지를 제작하여 자료를 수집하였다면 설문 문항의 신뢰도와 연구자가 설정한 변인들 간의 상관성을 분석해야할 것이다.

1.4 통계분석 도구를 구할 수 있는 곳

SPSS는 www.spss.co.kr을 통해서 평가판을 구할 수 있다. 그 외에도 사용자 매뉴얼, 각종 활용팁, 참고자료 등을 얻을 수 있다.

제8장과 제9장을 통해 SPSS로 접근할 수 있는 집단 간 비교, 신뢰도 분석, 상관분석, 요인분석, 회귀분석 등의 예제를 다루고 있다.

2 인과관계 분석 도구

2.1 인과관계 분석 개관

교육학 연구는 흔히 실험연구나 조사연구가 이뤄지게 된다. 실험연구는 행동변화를 이루는 결과에 대한 원인의 처치에 관심이 있다. 학업성취가 결과라면 학업성취를 이루는 원인이 무엇인지 실험처치를 통해 교수법의 원인인지 학습법의 원인인지 실험을 통해 밝히고자 한다. 다른 관점으로 보면 결과 보다는 원인의 처치에 연구의 초점이 있는 것이다.

조사연구는 통제되지 않은 환경에서 연구문제와 관련된 응답을 바탕으로 현상이나 상황을 기술하는 연구이다. 즉 결과 현상에 대한 조사를 목적으로 하고 있어 관심의 초점이 원인보다는 결과에 있는 것이다.

인과연구는 결과를 관칠함으로써 이러한 원인이 왜 생겼는지 원인을 찾아가는 연구라고 할 수 있다. 실험연구가 통제변인을 통해 원인을 파악해 나가는 연구라면 인과연구는 결과를 보고 원인을 탐색해 나가는 연구라고 할 수 있다. 사후연구(Ex Post Factor)의 한 유형으로 분류되기도 한다. 인과연구는 실험처치 없이 결과 시점에서 연구하기 때문에 실험연구가 가질 수 있는 윤리적 문제를 해결할 수 있는 점에서 교육학 연구에서 관심을 가져야 볼 수 있는 연구방법 중 하나이다. 예를 들면, 최근 쟁점이 되고 있는 다문화 가정 학생들의 사회적 부적응 현상이 나타나고 있는데 이러한 현상을 설명하기 위한 연구를 한다면 원인과 결과를 알아보는 인과연구가 적합할 것이다.

2.2 인과관계 분석 도구들

인과연구 도구로는 구조방정식 모형(Structural Equation Modeling)이 최근 많이 활용되고 있다. 구조방정식 모형은 구조분석, 요인분석, 경로분석을 통합하여 원인과 결과를 통계적으로 분석해 주는 도구로 사회과학 분야에서 많이 활용되는 도구이다.

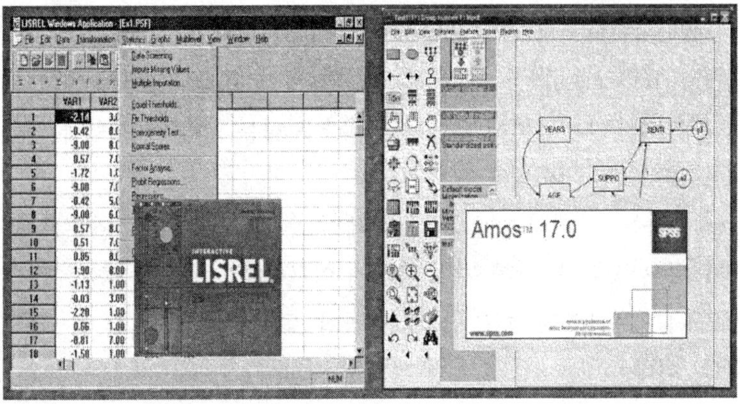

[그림 7-2] 인과연구 도구: LISREL과 AMOS 프로그램

구조방정식 모형을 소프트웨어 패키지로 구현한 것으로는 LISREL, CALIS, AMOS 등의 도구가 있다. 이 도구들 중 수학이나 통계적 개념이 부족한 연구자들도 시각적 인터페이스를 이용한 모형 구축으로 쉽게 접근가능한 것은 AMOS라는 소프트웨어이다. 2009년 현재는 SPSS 17.0이 나오면서 제품 내에 AMOS 17.0을 포함하고 있다. [그림 7-2]는 인과연구를 위한 도구로 많이 활용되는 LISREL과 AMOS 프로그램을 나타내고 있다.

2.3 인과관계 분석 도구의 장점

인과관계 분석 도구로서 구조방정식 모형의 장점에 대해 Kelloway(1998)는 ① 개념의 표현을 위한 측정치 사용 ② 측정 뿐 아니라 설명과 예측이 가능함 ③ 측정 및 예측이 동시에 가능함의 세 가지로 정리하고 있다(배병렬, 2000: 8~9). 교육학에서는 '수업 만족도', '자아존중감' 등의 개념적 표현을 많이 하는데 구조방정식 모형은 이러한 구인을 측정가능한 측정변인과의 관계로 설정할 수 있다. 이를 통해 구인들 간의 측정, 설명, 예측이 동시에 가능해 지는 것이다.

AMOS 프로그램은 비교적 단순한 그래픽 인터페이스를 사용하고 있어 복잡한 수학 기반의 방정식 모형을 간단히 표현하게 해 준다. 이러한 이유에서 연구자는 수학 방정식이나 통계적 절차보다 연구 자체에 집중할 수 있게 해주는 장점이 있다.

2.4 인과관계 분석 도구를 구할 수 있는 곳

AMOS와 LISREL의 무료 학생용 버전은 아래 사이트에서 다운받을 수 있다.

AMOS 프로그램	http://www.amosdevelopment.com/download/
LISREL 프로그램	http://www.ssicentral.com/lisrel/student.html

해당 사이트에서 사용자 매뉴얼과 제품 관련 유용한 정보들도 얻을 수 있을 것이다.

제10장에서는 인과연구 도구로써 AMOS 구조방정식 프로그램을 활용 예와 함께 사용법을 소개하고 있다.

3 질적연구 분석 도구

3.1 질적연구 분석 개관

질적연구는, 객관적 사실이나 숫자 기반의 데이터를 바탕으로 실험이나 인공적 환경을 통제하여 일반화하는 양적연구와 달리, 자연적 환경에서 말이나 글 등과 같은 다양한 자료들로 부터 의미를 파악하고 맥락성을 이끌어 내어 다른 사람들과 공감을 이루는 데 연구의 목적이 있다. 이러한 목적을 달성하기 위해서는 참여관찰, 면담, 설문, 내용분석, 문헌분석 등과 같은 다양하고 방대한 자료를 수집하고 이로부터 의미를 이끌어 내어야 한다. 하지만 이러한 자료의 수집과 분석 과정에서 도구의 도움은 절대적으로 필요하다.

예를 들면, 인터뷰를 실시하였을 때 그 내용을 '전사'하여 자료화하는 것은 연구자에게 있어서는 상당한 시간이 소요됨과 동시에 그 속에서 의미를 찾기 위한 노력도 필요로 한다. 질적연구 도구들은 초기에는 사례에 따라 다양한 유형의 도표, 그래프, 다이어그램 등의 형태로 표현되는 것에서 발전하여 현재에는 컴퓨터 소프트웨어를 활용한 다양한 유형의 도구들이 나타나고 있다. 이러한 다양한 유형의 도구들은 연구자에게 자료의 분석과 관리를 돕는 유용한 역할을 한다.

3.2 질적연구 분석 도구들

질적연구 수행을 도와주는 컴퓨터 소프트웨어를 CAQDAS라고 부른다. CAQDAS란 Computer Assisted Qualitative Data Analysis Software의 약자로 컴퓨터를 활용한 질적자료 분석 도구의 의미이다. 이러한 도구에는 ATLAS/ti, HyperRESEARCH, Inspiration,

Kwalitan, NUDIST, QCA, QUALPRO, SemNet, Sonar Professional, The Ethnograph, Te Text Collector, ZyIndex 등의 소프트웨어를 비교하여 장단점을 제시하고 있으며(Miles & Huberman, 1994: 316), 최근에는 ATLAS/ti, HyperResearch, MAXqda, The Ethnograph, NVivo 등의 소프트웨어들이 활용되고 있다. [그림 7-3]은 최근 많이 활용되고 있는 NVivo와 ATLAS/ti 소프트웨어의 예시화면을 나타내고 있다.

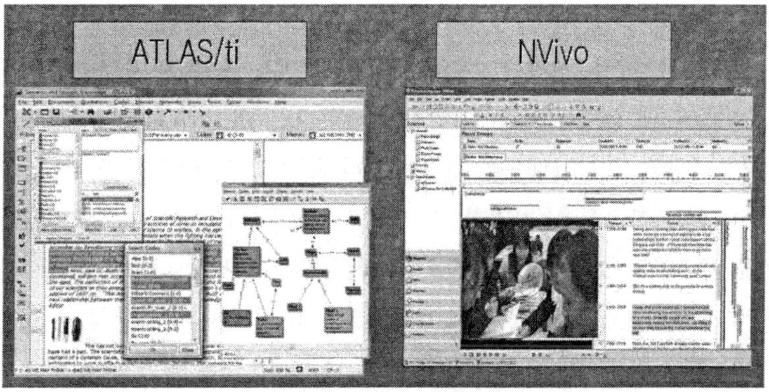

[그림 7-3] 질적연구 분석 도구 예시: ATLAS/ti와 NVivo

3.3 질적연구 분석 도구의 장점

과거에는 CAQDAS 형태의 기능별 특징으로 워드프로세스, 워드 기억(word retrievers), 텍스트 기반 관리(text based managers), 코드 기반 기억 프로그램(code and retrieve programs), 이론 생성기(theory builders), 개념 네트워크 구축(Conceptual network builders)으로 구분하기도 하였다(Miles & Huberman, 1994: 312). 그러나 현재는 기존의 기능들을 모두 포함하는 형태로 발전하고 있다. 최근의 질적연구 분석 도구의 장점은 다양하겠지만 그 중에서도 NVivo 8 프로그램이 업

그레이드되면서 갖는 장점(http://qsrinternational.com)을 바탕으로 재정리하면 다음과 같다.

첫째, 편리한 사용자 인터페이스 환경을 제공한다. 초기 도구들의 단점은 많은 기능에 비해 사용 방식이 어려워 소프트웨어를 배우고 익히는데 많은 시간이 소요되었다. 최근의 질적연구 소프트웨어들은 비교적 직관적인 인터페이스를 가지고 있어 상대적으로 익히기 편리하게 되었다. 하지만 과거에는 텍스트 기반 자료를 주로 처리하였는데 다양한 유형의 자료 지원으로 새로운 기능들이 추가된 부분도 있다.

둘째, 다양한 유형의 자료와 다양한 문서 포맷을 지원한다. 과거에는 주로 텍스트 위주의 자료들을 코드화 하고 관리하는 방식이었지만 최근의 프로그램들은 오디오, 비디오, 그림, pdf 화일 등 다양한 유형의 자료들을 처리할 수 있게 되었다. 다양한 유형의 자료가 있을 수 있는 교육학 분야의 질적연구 수행뿐만 아니라 사진 정보를 다루는 고고학자나 미술관에서 그림을 연구하는 사람들도 그들의 자료를 데이터화 할 수 있게 된 것이다.

셋째, 녹취 없이 바로 분석이 가능하다. 다양한 유형의 자료를 다루면서 비디오자료나 음성자료 등의 녹화 자료를 녹취하지 않고 특정 시점에 바로 코드화 하거나 메모를 삽입할 수 있게 되었다. 이를 통해 고달픈 분석과정을 단축시키고 원자료를 유지함으로써 데이터 분석의 신뢰도와 타당도를 향상시키는 역할을 한다.

넷째, 분석기능과 소통기능이 향상되었다. 직관적 구성과 분류가 가능하며 코드화 기능과 검색기능의 발달로 분석한 질적 데이터는 양적 분석도구에서 처리할 수 있는 데이터로 가공할 수 있는 기능들이 늘어났다. 질적 데이터의 양적 분석도 가능하게 된 것이다. 또한 질적연구 결과로 나타날 수 있는 관계분석이나 모델작성도 용이해졌다.

다섯째, 팀 작업이 가능하다. 프로젝트의 규모가 커질수록 연구자 혼자만 데이터를 수집 및 관리하는 것이 아니라 필요에 따라 공유하면서 진행해야 한다. 질적연구 분석 도구들의 진화는 자료의 공유 기능을 강화시켜 협동 연구가 가능하게 하는 장점을 제공한다.

3.4 질적연구 분석 도구를 구할 수 있는 곳

NVivo 8와 ATLAS/ti의 시험판 버전 해당 사이트를 통해 무료로 배포되고 있다.

NVivo 8 프로그램 http://www.qsrinternational.com/products_free-trial-software.aspx ATLAS/ti http://www.atlasti.com/demo.html

해당 사이트에서 사용자 매뉴얼과 관련 정보들도 얻을 수 있다.

제11장을 통해 질적연구 도구로서 NVivo 프로그램을 기초적인 사용법을 소개하고 있다.

4 참고문헌 정리 도구

4.1 개관

연구자의 관심에 따라 연구가 즐겁고 재미있는 일이자 생활이기도 하지만 연구의 결과를 작성하여 논문으로 만드는 것은 쉽지 않은 작업이다. 논문 작업을 시작할 때 가장 큰 어려움 중 하나는 여러 참고문헌들을 효과적으로 정리하고 관리하는 것이다. 정리와 관리가 잘 된다면 새로운 논문을 작성할 때 효과적이고 효율적으로 정보를 활용할 수 있을 것이다. 반면 정리와 관리가 되지 않는다면, 자료를 검색하고 출력하여 읽고, 이해하고, 메모하고 정리하여 논문 내에서 인용하며 참고문헌을 적어주는 일련의 과정을 계속적으로 반복해야 할 것이다. 정보통신의 발달과 함께 참고문헌을 정리해 주는 자동화 프로그램도 많은 필요에 의해 나타나서 활용되고 있다. 논문작성과 학술적 글쓰기를 주로 하는 사람에게 참고문헌 정리도구는 필수적 도구이다.

4.2 참고문헌 정리 도구들

참고문헌을 정리하는 도구로 EndNote, Reference Manager, BibTex, Procite 등이 알려져 있다. BibTex는 과학기술분야의 논문 작성에 활용되고 있으며, 교육학 분야에서는 EndNote가 많이 활용되고 있다.

[그림 7-4]는 Wikipedia에서 참고문헌 분석도구 25개 종류들을 분류한 일부 화면을 나타낸다. 해당 사이트에서는 전체적 비교, 운영체제지원에 대한 비교, 화일변환 유형(export & import file formats), 인용스타일(citation styles), 참고문헌 목록 화일 포맷(reference list file formats), 워드 문서 통합(word processor integration), 데이타베이스 연결(database connectivity), 패스워드 및 네트워크 지원(password protection and network versions)의 8가지 비교항목을 표로 제시하고 있다. 보다 상세한 내용은 아래 사이트 주소를 참고하기 바란다.

http://en.wikipedia.org/wiki/Comparison_of_reference_management_software

Bookends	Sonny Software	1988 (Mac) / 1983 (Apple II+)	10.4.3 (2009-1-15)	US$99[1]	No	Proprietary	?
CiteULike	Richard Cameron	2004-11	?	Free	No	proprietary	centrally-hosted website
Connotea	Nature Publishing Group	2004-12	1.7.1 (2008-02-01)	Free	Yes	GPL	centrally-hosted website, web-based
EndNote	Thomson Corporation	1988	X2	US$299.95[1]	No	proprietary	often used in academia
JabRef	JabRef developers	2003-11-29	11-01)	Free	Yes	GPL	Java BibTeX manager
Papers	Mekentosj	2007	1.8.6 (2008-08-25)	US$42	No	proprietary	search repositories from interface; supports plug-ins
ProCite	Thomson Corporation	1984 ?	5.0.3	US$299.95[1]	No	proprietary	supports network access
Pybliographer	pybliographer developers	?	1.2.11 (2007-09-25)	Free	Yes	GPL	Python/GTK2
refbase	refbase developers	2003-06-03	0.9.5 (2008-11-19)	Free	Yes	GPL	web-based for institutional repositories/self-archiving[2]
RefDB	refdb developers	2001-04-25	0.9.9 (2007-11-05)	Free	Yes	GPL	network-transparent, XML/SGML bibliographies
Referencer	Referencer	?	1.1.3 (2008-	Free	Yes	GPL	BibTeX front-end
Reference Manager	Thomson Corporation	1984	11.0.1	US$239.95[1]	No	proprietary	network version available; built-in web publishing tool
RefWorks	RefWorks	2001	2007-08	US$100 per year	No	proprietary	centrally-hosted website
Scholar's Aid	Scholar's Aid, Inc.	1998	4.1 (2008-4-1)	US$149[1] / Free Lite version	No	proprietary	integrates with Word and OpenOffice

(출처:http://en.wikipedia.org/wiki/Comparison_of_reference_management_software,2009.2.24검색)

[그림 7-4] Wikipedia 참고문헌 분석도구 비교 일부 화면

4.3 참고문헌 정리 도구의 장점

참고문헌 정리 도구의 장점을 EndNote의 특징 위주로 간략히 정리하면 다음과 같다.

첫째, 문헌목록들을 데이타베이스로 구축하여 관리해 준다. 연구자가 보았던 논문 정보들을 데이터베이스로 구축하여 검색이 용이하고 효과적이고 효율적으로 자료를 관리해 준다.

둘째, 논문작성 과정에서 참고문헌을 자동으로 만들어 준다. MS 워드 프로세스를 사용하면 해당 명령어만 클릭하면 참고문헌이 생성되고 논문의 스타일에 맞게 관리해 준다.

셋째, 다른 사람과 공유할 수 있다. 다른 사람의 논문에서 인용된 문헌을 찾을 수 있으며 연구자의 것으로 직접 가져올 수 있다. 연구자들과 자료를 공유할 수 있어 공동 작업이 가능하다.

넷째, 인터넷을 통해 다양한 검색으로 문헌 데이터베이스를 검색할 수 있다. 인터넷을 통해 각 대학도서관을 비롯하여 온라인 검색과 데이터베이스에 원격으로 접근이 가능하다.

4.4 참고문헌 정리 도구를 구할 수 있는 곳

EndNote와 Reference Manager는 아래 사이트를 통해 데모버전을 얻을 수 있다. 국내 대학에 따라 대학도서관에서 단체로 라이센스를 구입하여 학생들이 편리하게 쓸 수 있는 곳도 있다.

Reference Manager

http://www.philscience.com/isi/rm

EndNote

http://www.philscience.com/isi/en/product/ENdownload.htm

제12장을 통해 참고문헌 정리 도구로서 EndNote 프로그램의 기초적인 사용법을 소개하고 있다.

제8장 집단 간 차이 분석: SPSS 활용(1)

1. 두 집단 간 차이 분석: 독립표본 t-Test
2. 두 집단 간 차이 분석: 대응표본 t-Test
3. 세 집단 이상의 차이 분석: One Way ANOVA
4. 세 집단 이상의 차이 분석: N Way ANOVA

SPSS는 양적분석에 활용될 수 있는 통계 패키지이다. 여러 가지 통계이론을 SPSS, SAS, Excel 등과 같은 통계분석 도구를 활용하면 보다 쉽고 빠르게 결과를 해석할 수 있다.

본 장에서는 교육연구에서 가장 많이 이뤄지는 집단 간 비교와 요인분석, 회귀분석을 SPSS 활용법과 함께 정리해 보고자 한다.

1 두 집단 간 차이 분석: 독립표본 t-Test

1.1 두 집단 간 차이 분석 연구 개관

교육연구 중 많은 수가 집단 간의 차이를 나타내는 형식을 띠고 있다. 이는 집단 간 비교를 통해 특수한 '프로그램'이나 '교수법' 등의 효과성을 통계적으로 설득력 있게 말할 수 있기 때문이다. 예를 들어, 여성 공학도를 위한 성인지적 교육 프로그램이 있다면, 그 프로그램을 받은 학생들과 그렇지 않은 학생 집단을 비교해 봄으로써 프로그램의 효과를 주장할 수 있을 것이다.

일반적으로 두 집단 간의 차이는 t-test를 통해 이뤄질 수 있다. 물론 Z검정, t검정, F검정 등의 여러 종류가 있지만, 여기서는 일반적인 연구자들이 다루는 유형 중 하나만 소개하고 있다. 만약 세 집단 이상이라면 F검정(ANOVA 분석법)을 참고하시기 바란다.

일반적으로 t-test를 활용하려면, ① 양적 종속변수 ② 모집단 정규분포성 ③ 비교 모집단의 분산 동일성을 가정한다.

집단을 비교하기 전 두 집단이 서로 관계가 있는지 없는지 체크하자. 두 집단이 서로 관련성이 없다면 서로 독립적이라고 할 수 있다. 이를 독립표본(independent samples)이라고 하고 '독립표본 t test'를 실시할 것이다. 남녀의 수학적성을 비교하기 위해, 남녀 각각의 데이터를 독립적으로 수집하였다면 독립표본이 될 것이다.

데이터가 서로 관련성이 있다면 대응표본(paired samples) 혹은 종속표본(dependent samples)이라 한다. 새로운 프로그램으로 가르치기 전 수학성적을 수집한 다음, 같은 학생들에게 프로그램을 활용하고 난 후 수학성적을 다시 한번 수집한다면 이는 서로 종속적인 관계가 있다. 이런 경우는 다음 절에서 소개되고 있는 '대응표본(종속표본) t-test'를 실시해야 할 것이다.

1.2 독립표본 t-Test 활용 연습

독립표본 t검증은 서로 독립적인 두 집단 간의 표본을 바탕으로 두 집단 간 평균을 비교하여 가설을 검증하는 방법이다. 허균 등(2007)이 실시한 연구는 성별에 따른 공학교육의 인식도 차이를 검증 결과를 바탕으로 공학교육의 방향을 탐색하고 있다. 여러 항목 중 한 가지 항목에, '성별에 따른 공학교육의 만족도'에 대한 차이를 살펴보자. '성별에 따른'이라는 말에서 두 집단(남, 여)이 서로 독립적으로 존재하는 것을 알 수 있다.

(1) 가설설정

이것을 연구가설로 설정한다면, '성별에 따라 공학 교육의 만족도는 차이가 있을 것이다'라고 설정할 수 있을 것이다.

(2) 연구 데이터 수집

이때 독립변인은 성별이며, 종속변인은 '공학교육의 만족도'가 될 것이다. 성별은 ① 남성, ② 여성으로 구분하였다. 종속변인은 '공학교육의 만족도'를 설문을 통해 5점 리커르트 척도에 응답한 결과가 될 것이다. 이러한 유형의 자료는 일반적으로 설문을 통해 결과를 수집한다.

예시 논문에서 수집한 데이터는 399개였으나 편의상 <표 8-1>과 같이 10개의 데이터를 입력하여 분석하는 과정을 살펴보자.

〈표 8-1〉 성별에 따른 공학교육 만족도 원시 자료

대상	남/여	만족도
1	1	5
2	2	4
3	1	3
4	1	3
5	2	3
6	2	2
7	2	1
8	1	2
9	1	3
10	1	4

(3) SPSS 실행

단계 1

SPSS를 실행시키고 <표 8-1>의 데이터를 입력한다. [그림 8-1]은 이러한 과정을 그림으로 나타내고 있다.

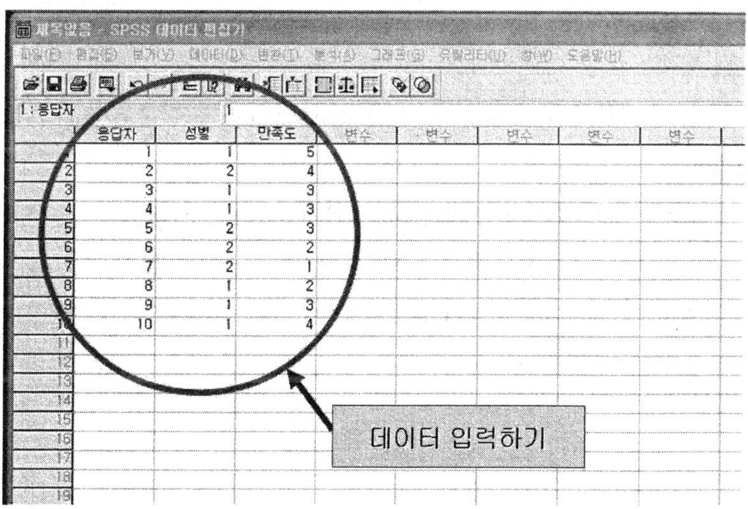

[그림 8-1] SPSS 원시 자료 입력하기

단계 2

SPSS 메뉴에서 [분석(A)]-[평균비교(M)]-[독립표본 T검정(T)]를 선택한다.

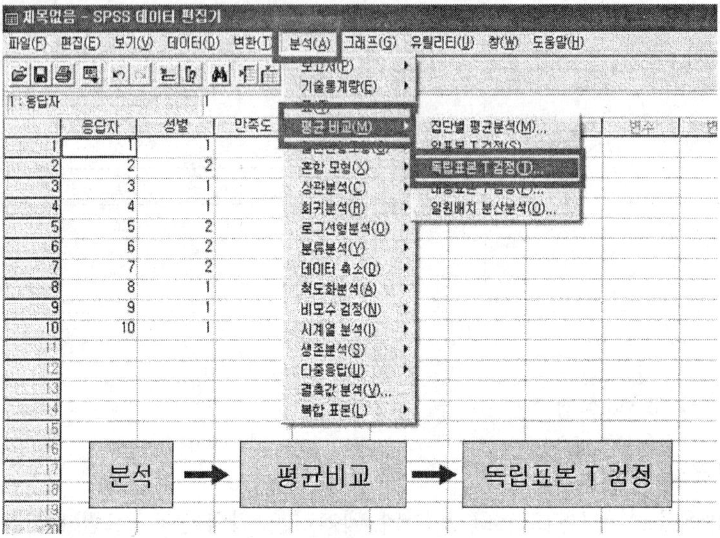

[그림 8-2] 독립표본 T검정 선택하기

단계 3

좌측 상자에서 종속변수인 '만족도'를 클릭하여 검증변수(T)로 이동한다.

독립변수에 해당하는 '성별'을 [집단변수(G)]로 이동한다.

[집단정의(D)]를 클릭하고 성별을 정의한다. 성별은 남성이 1, 여성이 2로 하고, [지정값 사용(U)]을 선택 후 [계속]을 클릭한다.

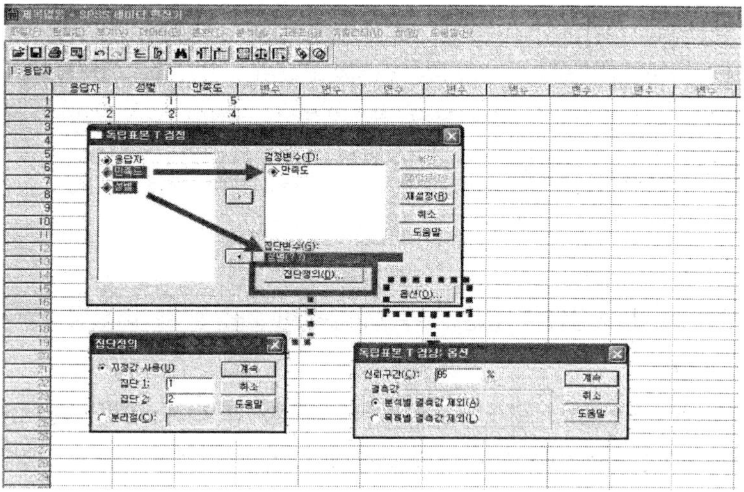

[그림 8-3] 독립표본 T검정 데이터 지정하기

단계 4

[그림 8-4]와 같은 결과창이 나타난다. 결과창에서 나타난 분석값들을 해석한다. 집단통계량의 결과에서 빈도수, 평균, 표준오차, 평균의 표준오차를 비교할 수 있다. 두 집단이 독립적으로 선정되었으므로 같은 모집단에서 추출되었는지 확인해야 한다.

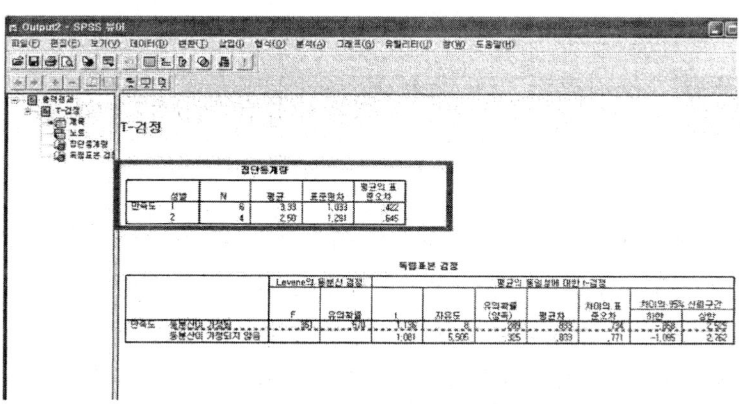

[그림 8-4] 독립표본 T검정 결과 출력창

Levene's Test는 두 집단이 같은 모집단에서 나왔는지 여부를 검증하기 위한 값이다. Levene 검증 결과 F값이 .351이고, 유의확률이 .570으로 0.05보다 크기 때문에 두 집단이 추출된 모집단은 같은 것으로 결론을 내린다.

단계 5

두 집단의 모집단이 같은 경우 '등분산이 가정됨'에 제시된 값만 해석한다.

결과에 따르면 t 값은 1.136이고, 자유도가 8이라는 의미이다. 유의확률이 .289로 0.05보다 크기 때문에 영가설을 받아들인다. 영가설은 성별에 따른 만족도 차이가 없다는 것을 가정하였다. 따라서, 남성과 여성 성별 간의 공학교육에 대한 만족도는 차이가 없다는 통계적 결론을 내릴 수 있다.

여기서는 실행과 분석의 편의상 10개의 데이터만을 대상으로 분석하였다. 허균 등(2007)의 연구 결과에서는 399명을 대상으로 성별 차이에 따른 만족도 분석 결과 통계적으로 유의한 차이가 있는 것으로 보고하고 있다. 자세한 내용은 논문을 참조하기 바란다.

2 두 집단 간 차이 분석: 대응표본 t-Test

대응표본 t-test는 동일 집단을 시기에 따라 서로 다른 처치 후 두 시점간의 평균값의 차이를 비교하거나 두 집단의 차이를 확인하기 위해 반복 측정할 때 사용하는 검증방법이다. 예를 들어 동일한 집단에게 사전 검사와 사후 검사를 실시하였다면, 특정 처치나 프로그램의 효과를 대응표본 t-test를 통해 분석할 수 있다.

허균(2006)의 연구에서는 전문가가 작성한 시각화 결과물과 초보자가 작성한 시각화 결과물의 선호도를 묻는 설문을 조사하였다. 교직을 할 예정이거나 현재 교직에 있는 사람을 동일 집단으로 가정할 경우, 동일 집단에 대해 전문가의 시각화 결과물 선호도와 초보자의 시각화 결과물 선호도가 어떠한 차이가 있는지 대응표본 t-test를 활용하여 분석하고 있다. 여기서는 이 연구에서 사용한 데이터의 일부를 단순화하여 대응표본 t-test의 활용법을 연습해 보자.

2.1 가설설정

'전문가의 시각화 결과물과 초보자의 시각화 결과물은 선호도에 있어 차이가 있을 것이다'라고 가설을 설정할 수 있다.

2.2 연구 데이터 수집

동일한 대상을 대상으로 ① 전문가들의 시각화 결과물에 대한 선호도와 ② 초보자의 시각화 결과물의 선호도가 어떠한 차이가 있는지 알아보기 위해 대응표본 t-test를 실시하였다. 수집된 자료의 변인들은 설문을 통해 선호하는 정도를 5점 리커르트 척도로 응답한 결과라고 가정하였다. 전문가의 시각화 결과물 선호도는 <표 8-2>의 1번 응답에 해당되며, 초보자의 시각화 결과물 선호도는 2번 응답에 해당된다. 예시 논문에서 수집한 데이터는 106명에 대한 전문가 초보자 각각 3가지의 결과물이 있었으나, 여기서는 연습 편의상 <표 8-2>와 같이 30개의 데이터를 전문가와 초보자로 입력하여 분석하는 과정을 살펴보겠다.

〈표 8-2〉 시각화 결과물 선호도 원시 자료

(1번: 전문가 결과물, 2번: 초보자 결과물)

번호	전문가의 시각화 결과물 선호도	초보자의 시각화 결과물 선호도	비고
1	5	2	
2	5	3	
3	3	3	
4	3	3	
5	5	1	
6	5	3	
7	5	2	
8	5	2	
9	4	3	
10	5	3	
11	3	1	
12	4	3	
13	4	5	
14	4	3	
15	5	1	
16	4	4	
17	5	1	
18	4	2	
19	3	3	
20	4	1	
21	5	1	
22	5	2	
23	4	2	
24	5	4	
25	3	1	
26	4	3	
27	5	3	
28	5	3	
29	4	1	
30	5	1	

2.3 SPSS 실행

단계 1

SPSS를 실행시키고 <표 8-2>의 데이터를 입력한다. [그림 8-5]는 이러한 과정을 그림으로 나타내고 있다.

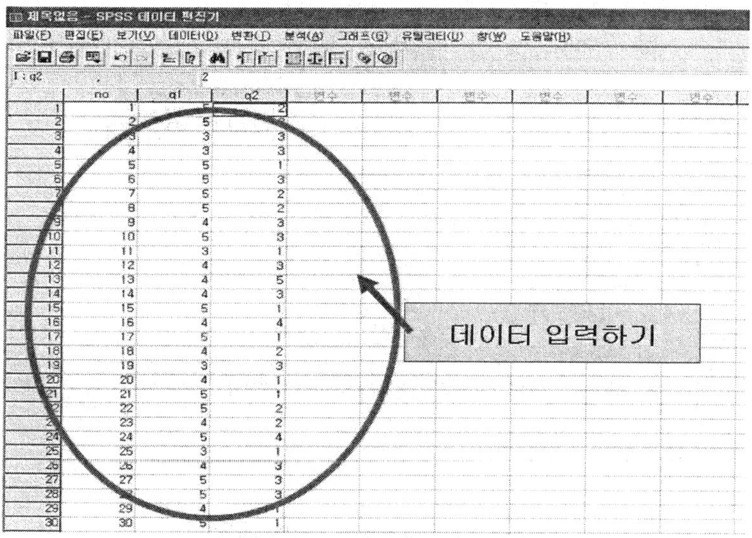

[그림 8-5] SPSS 원시 자료 입력하기

단계 2

SPSS 메뉴에서 [분석(A)]-[평균비교(M)]-[대응표본 T검정(P)]를 선택한다.

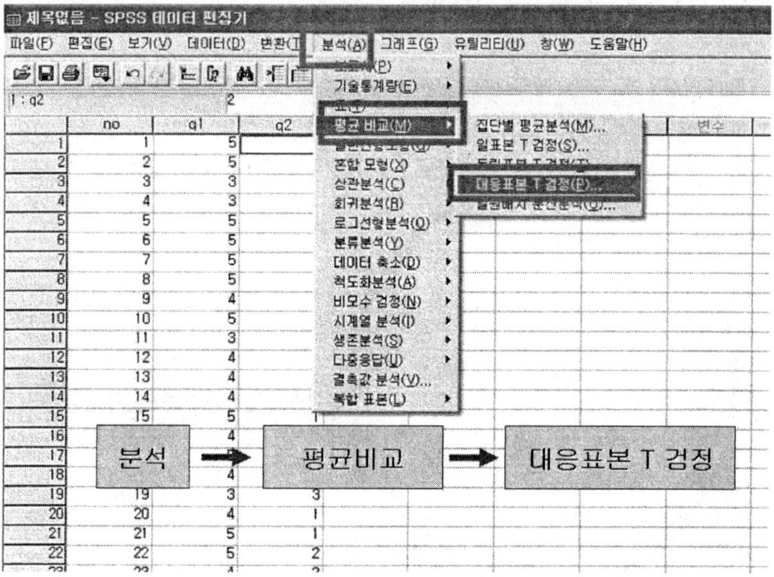

[그림 8-6] 대응표본 T검정 선택하기

단계 3

좌측 상자에서 종속변수인 'q1'과 'q2'를 클릭하여 대응변수(V)로 이동한다. 현재 선택 변수 1과 변수 2에 대응변수가 있는지 확인한다. [확인]을 클릭한다.

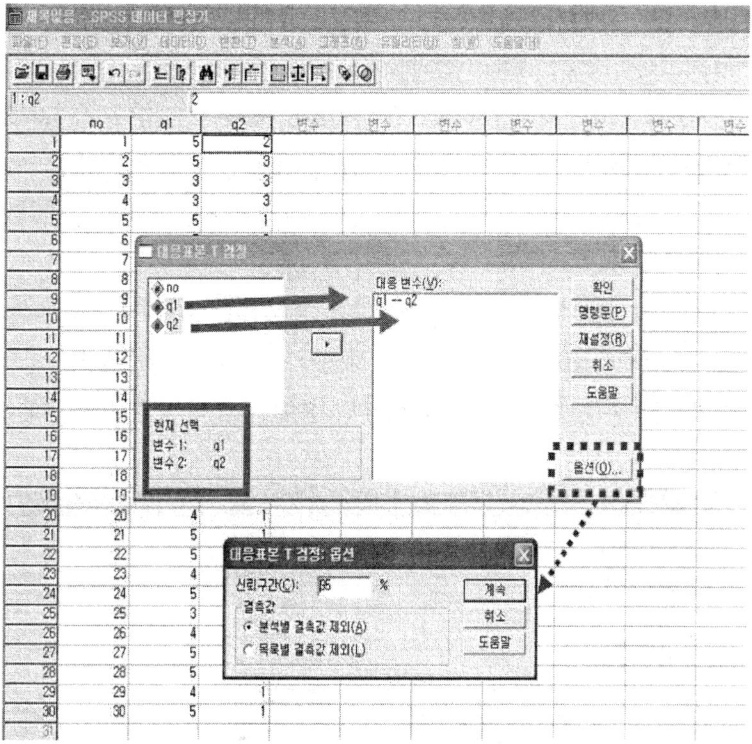

[그림 8-7] 대응표본 T검정 데이터 지정하기

단계 4

[그림 8-8]과 같은 결과창이 나타난다. 결과창에서 나타난 분석값들을 해석한다. 대응표본 통계량의 표를 통해 평균, 빈도수, 표준편차, 평균의 표준오차항을 비교할 수 있다. 대응표본 상관계수란 연구자가 대응표본방법을 선택한 것이 적절한지를 알려주는 보조정보이다. 일반적으로 0.05보다 작으면 유의미하다고 본다.

대응표본 검증은 t-test 결과를 나타내는 것이다.

대응차(paired difference)는 두 관점의 평균차이 점수로 2.000이 제시되어 있다. 이 차이 점수를 통계적으로 t값으로 변환될 수 있으며 그 값은 7.883이다. 통계적 유의도 수준은 .000으로 .05보다 작기 때문에 연구가설을 받아들일 수 있다.

따라서, 전문가의 시각화 결과물과 초보자의 시각화 결과물은 선호도에 있어 통계적으로 유의한 차이가 있다. 또 평균값이 높은 전문가의 시각화 결과물을 선호한다는 것을 결론지어 말할 수 있다.

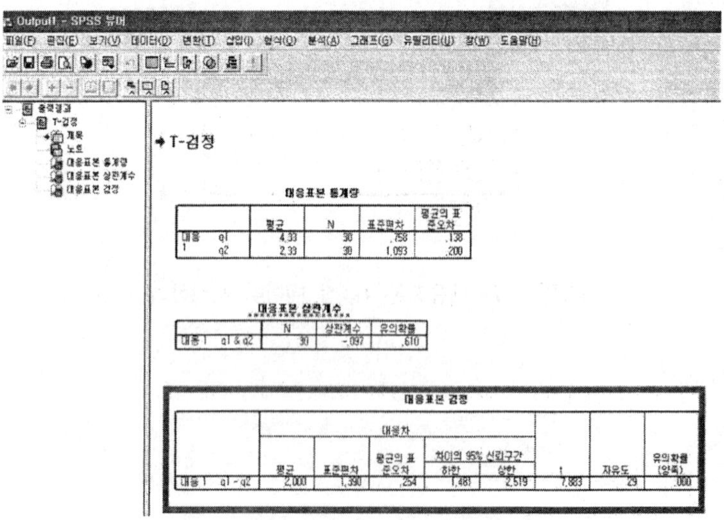

대응표본 통계량

		평균	N	표준편차	평균의 표준오차
대응 1	q1	4.33	30	.758	.138
	q2	2.33	30	1.093	.200

대응표본 상관계수

	N	상관계수	유의확률
대응 1 q1 & q2	30	-.097	.610

대응표본 검정

	대응차					t	자유도	유의확률 (양측)
	평균	표준편차	평균의 표준오차	차이의 95% 신뢰구간 하한	차이의 95% 신뢰구간 상한			
대응 1 q1 - q2	2.000	1.390	.254	1.481	2.519	7.883	29	.000

[그림 8-8] 대응표본 T검정 결과 출력창

여기서는 실행과 분석의 편의상 30개의 데이터만을 대상으로 분석하였다. 허균(2006)의 연구 결과에서는 106명을 대상으로 하였고, 설문 문항도 전문가 3인 및 초보자 3인을 반영하는 6문항을 대응표본 t-test 하였다. 자세한 내용은 논문을 참조하기 바란다.

3 세 집단 이상의 차이 분석: one-way ANOVA

두 집단 간의 차이를 t-test를 사용하여 비교한다면, 세 집단 이상의 차이를 비교하기 위해 ANOVA(변량분석, ANalysis Of VAriance)를 사용하며 F검증이라고도 한다. ANOVA에는 단방향(one-way ANOVA) 검증과 다방향(n-way ANOVA)로 구분할 수 있다.

단방향 검증은 독립변수가 하나이고 종속변수가 하나일 때 세 집단 이상의 차이를 검증할 수 있다. 반면 양방향 검증이나 다방향 검증은 두 개 이상의 독립변인이 하나의 종속변인에 영향을 미칠 때 세 집단 이상의 차이를 검증할 때 쓰이는 방법이다.

단방향 ANOVA 검증은 독립변인과 종속변수가 하나일 경우 세 집단 이상의 차이를 검증하는 통계방법이다. 이때 독립변인은 명명척도 형태로 유목이 최소 2개 이상은 되어야 한다. 예로 독립변인이 20대, 30대, 40대를 구분하는 3개의 유목으로 이뤄져 있다면, 이들 세 집단 간의 차이를 검증할 수 있다. 이때 알고자 하는 변수가 종속변수인데, 등간척도나 비율척도의 형태로 나타나야 한다. 예로 알고자 하는 것이 '수업의 만족도'인데 설문을 통해 5점 리커르트 척도로 자료를 수집하였다면 종속변수가 될 수 있을 것이다. 구체적인 것은 다음 예를 통해 실습해 보자.

3.1 가설설정

'수업방식의 유형(교실, 원격, 혼합)에 따라 학업성취도는 차이가 있을 것이다'라고 가설을 설정할 수 있다. 수업방식의 유형은 교실수업방식, 원격수업방식, 혼합수업방식이 있다고 가정하고 학습자가 받은 성취도를 비교해 봄으로써 세 집단 간의 차이를 분석해 볼 수 있을 것이다. 과연 교실수업, 원격수업, 혼합수업 중 어떠한 수업이 학업성취도가 가장 높게 나타날까?

3.2 연구 데이터 수집

ANOVA 실습을 위하여 <표 8-3>과 같은 가상의 데이터를 준비하였다. 동일한 교과에 대해 수업방식의 유형에 따라 학업성취도의 결과를 각각의 집단별로 30명씩 가상 데이터를 구성하였다. 이를 바탕으로 세 집단 간의 차이를 분석하는 절차를 알아보자.

〈표 8-3〉 수업유형별 학업 성취도 결과표 예시

번호	교실수업 집단	원격수업 집단	혼합수업 집단
1	95	85	90
2	35	45	35
3	45	55	45
4	55	35	65
5	65	45	85
6	45	35	65
7	65	45	85
8	85	55	80
9	75	30	70
10	45	40	55

11	35	60	65
12	95	80	90
13	100	90	85
14	85	80	85
15	85	95	80
16	50	45	65
17	80	35	75
18	45	55	65
19	65	35	60
20	55	65	60
21	65	45	70
22	75	65	75
23	85	55	80
24	45	45	65
25	65	80	40
26	55	95	60
27	45	55	30
28	65	45	70
29	85	35	80
30	85	60	90

3.3 SPSS 실행

단계 1

SPSS를 실행시키고 <표 8-3>의 데이터를 입력한다. [그림 8-9]는 이러한 과정을 그림으로 나타내고 있다.

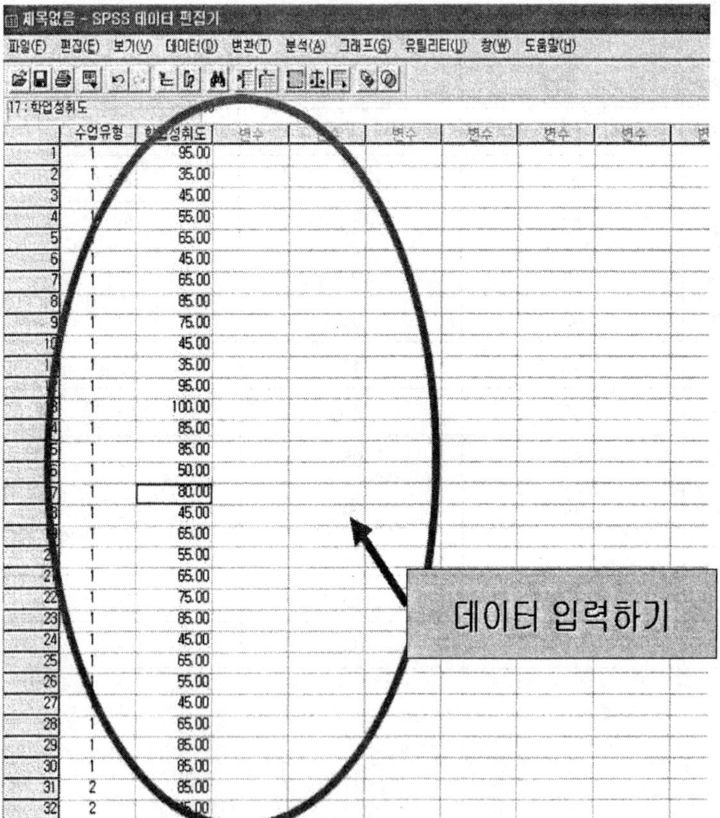

[그림 8-9] SPSS 원시 자료 입력하기

단계 2

SPSS 메뉴에서 [분석(A)]-[일반선형모형(G)]-[일변량(U)]를 선택한다.

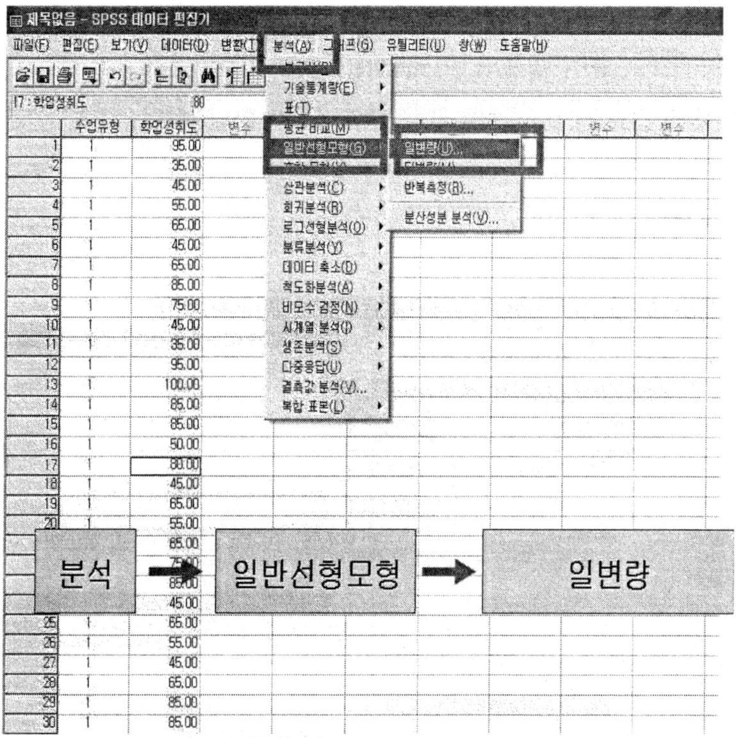

[그림 8-10] ANOVA 분석(일변량) 선택하기

단계 3

ANOVA 검증을 위해 [그림 8-11]과 같이 분석을 위한 설정을 한다.

첫째, 일변량창에서 '학업성취도'를 선택하여 [종속변수(D)]로 옮긴다. 같은 방식으로 '수업유형'을 선택하여 [모수요인(F)]으로 옮긴다.

둘째, [모형(M)]을 클릭하여 설정 사항을 확인한다. [완전요인모형(A)]를 설정하고, [제곱합(Q)]는 [제III유형]을 클릭하고, [모형에 절편포함(I)]를 체크한다.

셋째, [사후분석(H)]를 클릭하여 설정 사항을 확인한다. [요인(F)]의 '수업유형'을 [사후검정변수(P)]로 옮긴다. 사후 점정 방법으로는 일반적으로 많이 활용되는 [Scheffe(C)]를 클릭한다.

넷째, [옵션(O)]를 클릭하고 설정 사항을 확인한다. 필요한 출력값에 클릭한다. 여기서는 [기술통계량(S)], [효과크기 추정값(E)]를 클릭한다.

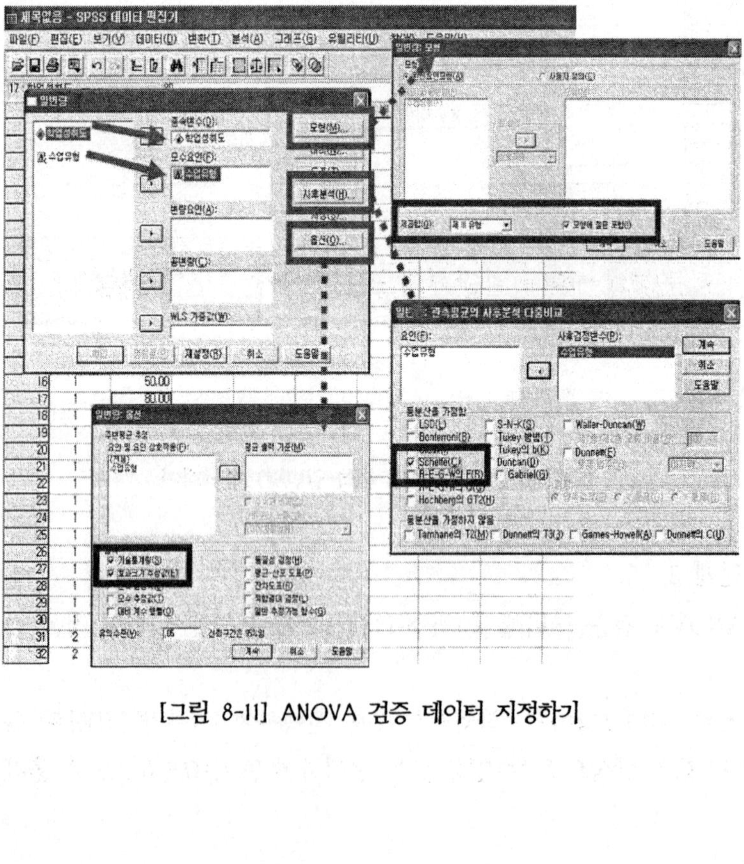

[그림 8-11] ANOVA 검증 데이터 지정하기

단계 4

SPSS를 통한 ANOVA 검증은 [그림 8-12]와 같은 결과창에서 알 수 있다.

[개체 간 요인] 결과에서는 수업유형을 각각 1, 2, 3(교실, 원격, 혼합)으로 나누고 각 유형별로 데이터가 30개인 것을 알 수 있다. [기술통계량] 결과에서는 유형별로 평균, 표준편차값을 확인할 수 있다. 기술통계 분석 결과의 평균값을 비교해 보면 혼합수업과 교실수업이 원격교육에 비해 학업성취도가 높은 것을 알 수 있다. 통계적으로 유의한 차이가 나는지 알아보기 위해 ANOVA 분석을 결과값을 분석하고 해석해 볼 필요가 있다.

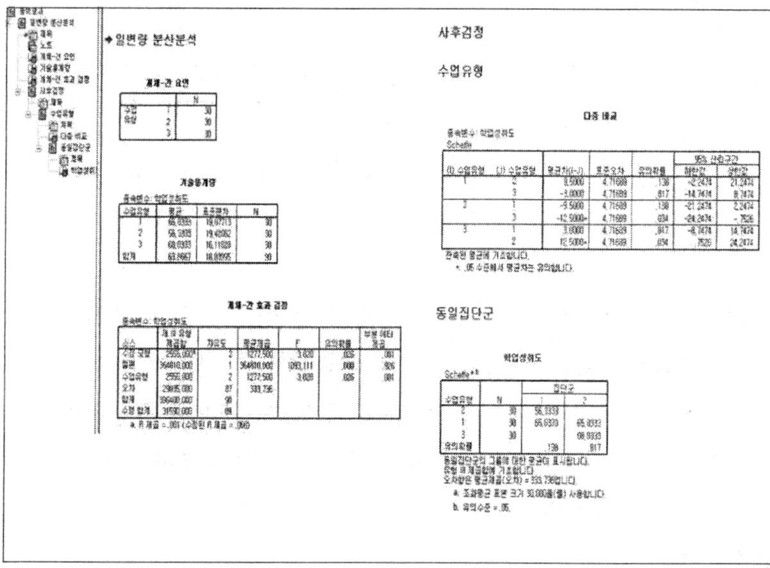

[그림 8-12] ANOVA 검증 결과 출력창

결과값은 <표 8-4>와 <표 8-5>로 정리할 수 있으며, 이를 바탕으로 해석하면 다음과 같다.

첫째, 수업유형의 F값이 통계적으로 유의한 것으로 나타났다. <표 8-4>에서와 같이 ANOVA 분석결과 F값이 0.026으로 0.05보다 작기 때문에 연구가설을 받아들인다. 즉, '수업방식의 유형(교실, 원격, 혼합)에 따라 학업성취도는 차이가 있을 것이다'라는 가설은 차이가 있는 것으로 결론을 내릴 수 있다. 에타의 제곱값은 수업유형의 설명변량을 나타내며, 표에서는 8.1%를 설명하고 있다는 것을 의미한다.

〈표 8-4〉 ANOVA 분석결과

소스	제 III 유형 제곱합	자유도	평균 제곱	F	유의 확률	부분 에타 제곱
수정 모형	2555	2	1277.500	3.828	0.026	0.081
절편	364810	1	364810.000	1093.111	0.000	0.926
수업유형	2555	2	1277.500	3.828	0.026	0.081
오차	29035	87	333.736			
합계	396400	90				
수정 합계	31590	89				

R 제곱 = .081 (수정된 R 제곱 = .060)

둘째, 사후검증 결과 혼합수업 유형과 원격수업 유형 간에 통계적으로 유의한 수준이 있는 것으로 나타났다. 그리고 혼합수업 유형이 교실수업 유형보다 학업성취도가 높았다. 반면에 혼합수업 유형과 교실수업, 원격수업과 교실수업은 학업성취도에서 유의한 차이가 나타나지 않았다. 구체적인 집단 차이 결과는 <표 8-5>에서 알 수 있다.

〈표 8-5〉 집단 간 차이의 사후분석 결과

종속변인: 학업 성취도		사후 검정 방식: Scheffe		
(I) 수업유형	(J) 수업유형	평균차(I-J)	표준오차	유의확률
1(교실)	2(원격)	9.5	4.717	0.14
	3(혼합)	-3	4.717	0.82
2(원격)	1(교실)	-9.5	4.717	0.14
	3(혼합)	-12.5*	4.717	0.03
3(혼합)	1(교실)	3	4.717	0.82
	2(원격)	12.5*	4.717	0.03

* .05 수준에서 평균차는 유의함.

4 세 집단 이상의 차이 분석: n-way ANOVA

일원변량분석(one-way ANOVA)는 세 집단 이상의 차이 검증을 할 수 있으나, 독립변수와 종속변수가 각각 하나라는 특징을 가지고 있었다. 만약 여러 가지 독립변수들이 하나의 종속변수에 영향을 미치는 상황에서 세 집단 이상의 차이를 검증하려면 어떻게 해야 할까?

이를 위해 고안된 통계분석법이 다원분산분석(n-way ANOVA)이다. 다원분산분석은 두 개 이상의 독립변인이 하나의 종속변인에 영향을 미칠 때 세 집단 이상의 차이를 검증할 때 쓰이는 방법이다. 독립변인이 2개일 경우 이원(2-way)분산분석방법, 3개일 경우 3원(3-way), …, n 개일 경우 다원(n-way)분산분석방법(ANOVA)을 사용할 수 있다.

3절의 예시에 추가적인 독립변인을 추가하여 다원분산분석방법을 익혀 보자.

4.1 가설설정

'성별과 수업방식의 유형(교실, 원격, 혼합)이 학업성취도에 영향을 줄 것이다'라고 가설을 설정할 수 있다. 다원변량분석방식을 사용하기 위해서는 독립변인이 두 개 이상일 것과 종속변인이 한 개일 것의 조건이 있다. 구체적으로는 독립변인은 명명척도가 되어야 하며, 종속변인은 등간척도나 비율척도가 되어야 한다. 위 가설에서는 성별과 수업방식의 두 가지 독립변인을 가진다. 종속변인은 학업성취도가 될 것이다. 과연 성별에 혹은 교실수업, 원격수업, 혼합형 수업에 따라 학업성취도는 어떻게 나타날까?

4.2 연구 데이터 수집

ANOVA 실습을 위하여 <표 8-6>과 같은 가상의 데이터를 준비하였다. <표 8-3>의 데이터에 성별 정보를 추가하였으며 저자가 가상 데이터를 구성하였다. 이를 바탕으로 세 집단 간의 차이를 분석하는 절차를 알아보자.

〈표 8-6〉 성별에 따른 수업유형별 학업성취도 결과표 예시

번호	교실 수업 집단		원격 수업 집단		혼합 수업 집단	
	성취도	성별	성취도	성별	성취도	성별
1	95	1	85	1	90	1
2	35	1	45	2	35	1
3	45	2	55	1	45	1
4	55	1	35	1	65	2
5	65	2	45	1	85	2
6	45	2	35	2	65	1
7	65	1	45	2	85	2
8	85	1	55	1	80	1
9	75	2	30	1	70	2
10	45	2	40	2	55	2
11	35	2	60	2	65	1
12	95	1	80	2	90	1
13	100	1	90	1	85	1
14	85	2	80	1	85	2
15	85	2	95	1	80	2
16	50	1	45	2	65	2
17	80	1	35	2	75	1
18	45	1	55	1	65	2
19	65	2	35	1	60	2
20	55	2	65	1	60	1
21	65	2	45	2	70	2
22	75	1	65	2	75	2
23	85	1	55	2	80	2
24	45	1	45	1	65	1
25	65	1	80	1	40	1
26	55	2	95	1	60	2
27	45	2	55	2	30	2
28	65	1	45	2	70	2
29	85	1	35	2	80	1
30	85	2	60	1	90	2

4.3 SPSS 실행

단계 1

SPSS를 실행시키고 <표 8-6>의 데이터를 입력한다. [그림 8-13]은 이러한 과정을 그림으로 나타내고 있다.

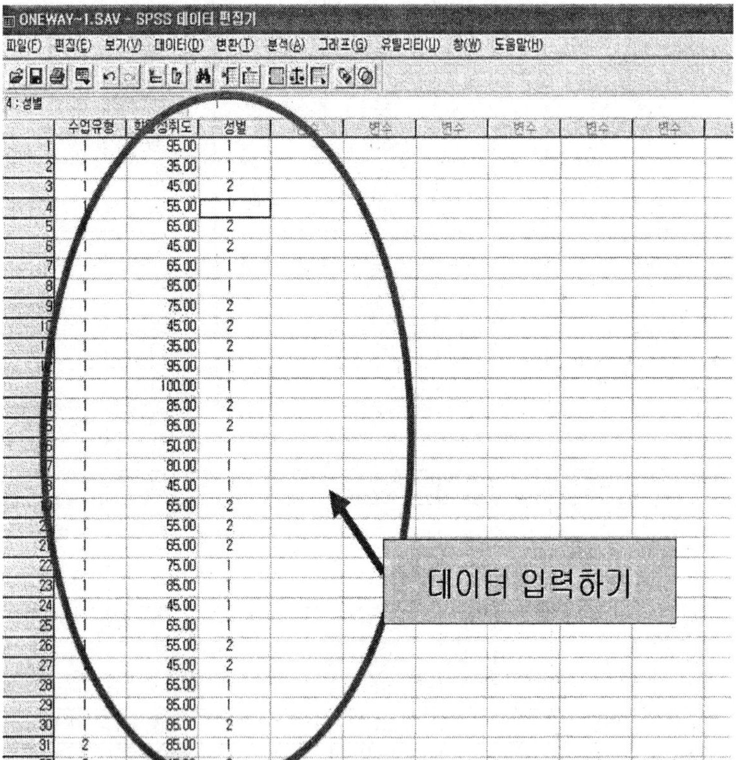

[그림 8-13] SPSS 원시 자료 입력하기

단계 2

SPSS 메뉴에서 [분석(A)]-[일반선형모형(G)]-[일변량(U)]를 선택한다.

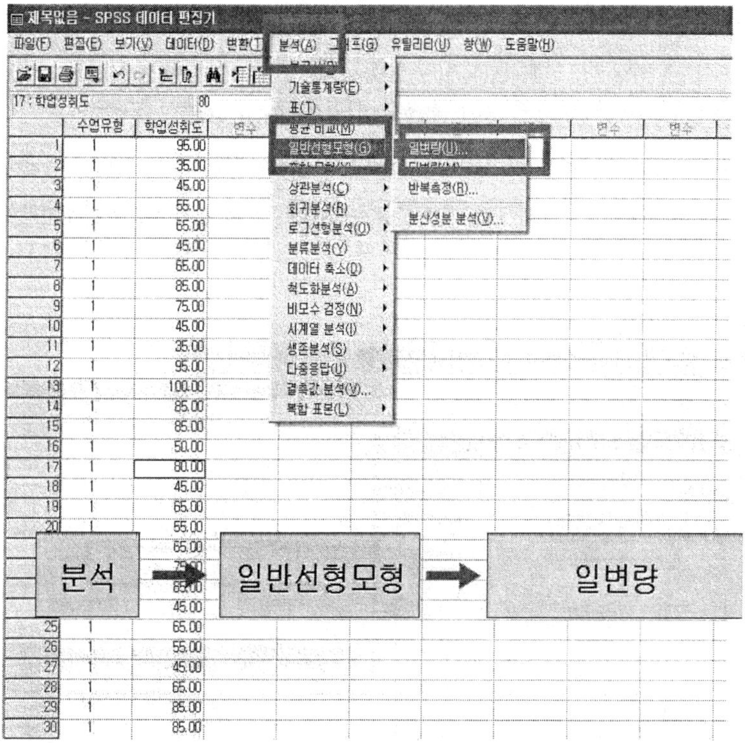

[그림 8-14] ANOVA 분석(일변량) 선택하기

단계 3

ANOVA 검증을 위해 [그림 8-15]와 같이 분석을 위한 설정을 한다.

첫째, 일변량 창에서 '학업성취도'를 선택하여 [종속변수(D)]로 옮긴다. 같은 방식으로 '수업유형'과 '성별'을 선택하여 [모수요인

(F)]으로 옮긴다.

둘째, [모형(M)]을 클릭하여 설정 사항을 확인한다. [완전요인모형(A)]를 설정하고, [제곱합(Q)]은 [제III유형]을 클릭하고, [모형에 절편포함(I)]를 체크한다.

셋째, [사후분석(H)]를 클릭하여 설정 사항을 확인한다. [요인(F)]의 '수업유형'과 '성별'을 [사후검정변수(P)]로 옮긴다. 사후 점정 방법으로는 일반적으로 많이 활용되는 [Scheffe(C)]를 클릭한다.

넷째, [옵션(O)]를 클릭하고 설정 사항을 확인한다. 필요한 출력값에 클릭한다. 여기서는 [기술통계량(S)], [효과크기 추정값(E)]를 클릭한다.

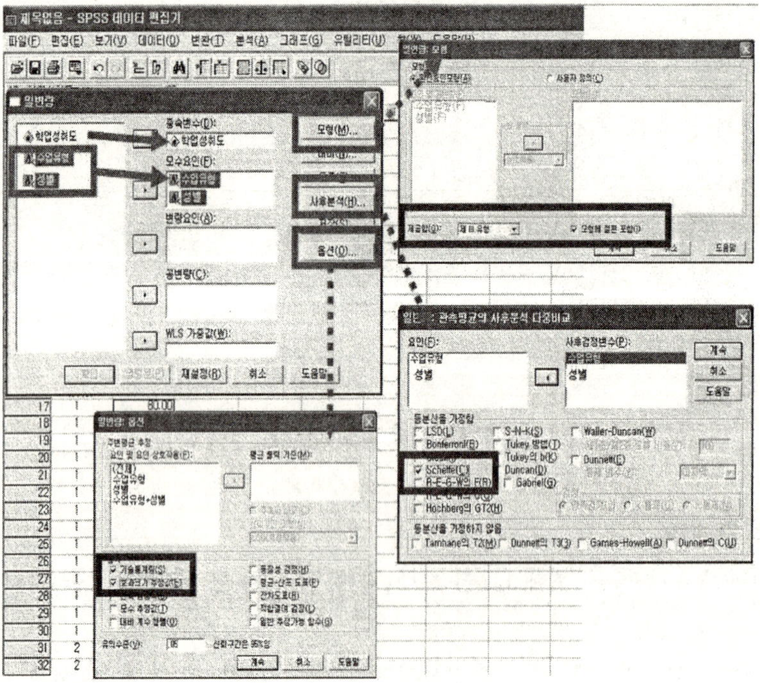

[그림 8-15] ANOVA 검증 데이터 지정하기

단계 4

SPSS를 통한 ANOVA 검증은 [그림 8-16]과 같은 결과창에서 알 수 있다. [기술통계량]의 결과를 통해 전체 평균은 63.6667이며, 성별1(남학생)의 경우 66.7778, 성별2(여학생)는 60.5556으로 나타났다. 수업 유형에서는 유형1(교실), 유형2(원격)는 성별1의 평균이 높았으며, 유형3(혼합)은 성별2의 평균이 높았다. 하지만 정확한 결론을 파악하기 위해 다원분산분석을 통해 집단 간에 통계적으로 유의한 차이가 나는지 알아보기 위해 ANOVA 분석을 결과값을 분석하고 해석해 볼 필요가 있다.

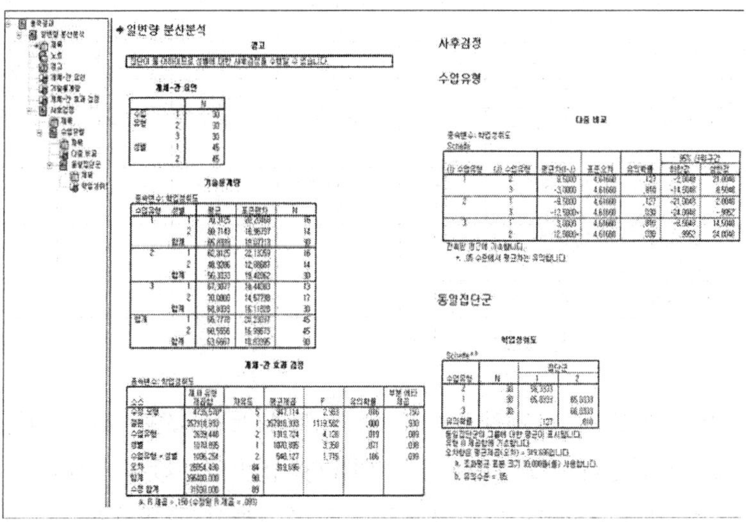

[그림 8-16] ANOVA 검증 결과 출력창

ANOVA 분석결과는 <표 8-7>과 같이 정리할 수 있으며, 이를 바탕으로 해석하면 다음과 같다.

첫째, 독립변인인 수업유형, 성별과 독립변인간의 상호작용인 수업유형×성별은 종합적으로 종속변인인 학업성취도에 유의미한 영향을 끼치는 것으로 나타났다. 이는 <표 8-7>의 수정모형 항목의 F값의 유의확률로서 알 수 있다. 이 모형의 F값은 2.963이고 유의확률은 0.016으로 유의수준 0.05 수준에서 통계적으로 유의하게 나타난 것이다. 이는 수업유형, 성별, 수업유형×성별이 학업성취도에 영향을 주는 것을 의미한다.

〈표 8-7〉 ANOVA 분석 결과

종속: 학업성취도 소스	제 III 유형 제곱합	자유도	평균 제곱	F	유의 확률	부분 에타제곱
수정 모형	4736.57*	5	947.114	2.963	0.016	0.150
절편	357918.933	1	357918.933	1119.562	0.000	0.930
수업유형	2639.448	2	1319.724	4.128	0.019	0.089
성별	1070.895	1	1070.895	3.350	0.071	0.038
수업유형×성별	1096.254	2	548.127	1.715	0.186	0.039
오차	26854.430	84	319.695595			
합계	396400.000	90				
수정 합계	31590.000	89				

R 제곱 = .150 (수정된 R 제곱 = .099)

둘째, 상호작용 효과의 유의도 검증 결과 통계적으로 의미 없는 것으로 나타났다. <표 8-7>의 '수업유형×성별'의 F값은 1.715이고 유의확률은 0.186이므로 유의수준 0.05 수준에서 통계적으로 의미 없는 것이다.

〈표 8-8〉 집단 간 차이의 사후분석 결과

종속변인: 학업 성취도		사후검정 방식: Scheffe		
(I) 수업유형	(J) 수업유형	평균차(I-J)	표준오차	유의확률
1(교실)	2(원격)	9.5	4.61660	0.127
	3(혼합)	-3	4.61660	0.810
2(원격)	1(교실)	-9.5	4.61660	0.127
	3(혼합)	-12.5*	4.61660	0.030
3(혼합)	1(교실)	3	4.61660	0.810
	2(원격)	12.5*	4.61660	0.030

* .05 수준에서 평균차는 유의함.

셋째, 주 효과의 유의도 검증 결과 '수업유형'은 유의미하고 '성별'의 유의미하지 않는 것으로 나타났다. '수업유형'은 F값이 4.128이고, 유의확률은 0.019로 0.05 수준에서 통계적으로 의미있는 것으로 나타났다. 이때 에타값은 0.089로 '수업유형'이 '학업성취도'를 8.9% 설명하는 것으로 나타났다. '성별'은 F값이 3.350이고, 유의확률은 0.071로 0.05 수준에서 통계적으로 의미가 없는 것으로 나타났다. '수업유형'이 유의미하게 나왔지만, 집단별 차이를 분석하기 위해서는 집단 간 사후검증이 있어야 한다.

넷째, 사후검증 결과 혼합수업 유형과 원격수업 유형 간에 통계적으로 유의한 수준이 있는 것으로 나타났다. 그리고 혼합수업 유형이 교실수업 유형보다 학업성취도가 높았다. 반면에 혼합수업 유형과 교실수업, 원격수업과 교실수업은 학업성취도에서 유의한 차이가 나타나지 않았다. 구체적인 집단 차이 결과는 <표 8-8>에서 알 수 있다.

제9장 통합적 분석: SPSS 활용(2)

1. 신뢰도 분석
2. 상관 분석
3. 요인 분석
4. 회귀 분석

SPSS에는 우리가 설정한 연구문제를 양적 통계분석을 통하여 해결할 수 있게 하는 도구이다. 이번 장에서는 SPSS 도구를 활용하여 우리가 제작한 설문이나 수집한 자료가 신뢰로운지 분석하는 신뢰성 분석방법, 설정한 변인들 간에 서로 관련성이 있는지 알아보는 상관분석, 주요 요인들을 구성하고 찾아내기도 하는 요인분석, 변인들 간의 영향력을 알아보는 회귀분석 방법을 알아보고자 한다. 자세한 통계적 설명은 도구로써 우리가 알아야 할 주요 내용만 재구성하였다.

1 신뢰도 분석

1.1 신뢰도 분석 개관

연구자가 작성한 설문 문항들로 데이터를 수집했다고 가정하자. 연구자가 정한 연구문제를 설문 문항이 제대로 측정하고 있는지 의구심을 가질 수 있을 것이다. 측정하고자 하는 것을 얼마나 적절하고 일관적으로 재고 있는가는 신뢰도(reliability)의 개념이다. 신뢰도를 분석함으로써 설문지의 정확성을 수치로 확인할 수 있을 것이다. 신뢰도는 유형에 따라 재검사 신뢰도, 동형검사 신뢰도, 내적 일관성 신뢰도 등으로 구분된다.

설문지의 정확성을 수치로 확인하기 위한 신뢰성 분석은 각 설문 문항들의 내적 일관성(internal consistency)을 측정하는 것이다. 측정 결과는 SPSS에서 Cronbach α값을 통해 해석할 수 있게 된다. 일반적으로 연구논문에서 가장 흔하게 활용하는 설문 문항들의 신뢰성을 분석하는 방법을 익혀보자.

1.2 신뢰도 분석 활용 예제

(1) 연구문제의 설정

'에듀넷의 여러 관계를 알아보는 설문지는 신뢰롭다'를 연구문제적 가설로 설정하자.

(2) 연구 데이터 수집

설문 제작과 데이터 수집은 3절의 요인 분석을 위해 가상적으로 만든 것을 활용하자. <표 9-2>의 설문이 신뢰할 수 있는가를 <표

9-3>의 데이터를 통해 분석한다.

(3) SPSS 실행

단계 1

SPSS를 실행시키고 <표 9-3>의 데이터를 입력한다. [그림 9-1]은 이러한 과정을 그림으로 나타내고 있다.

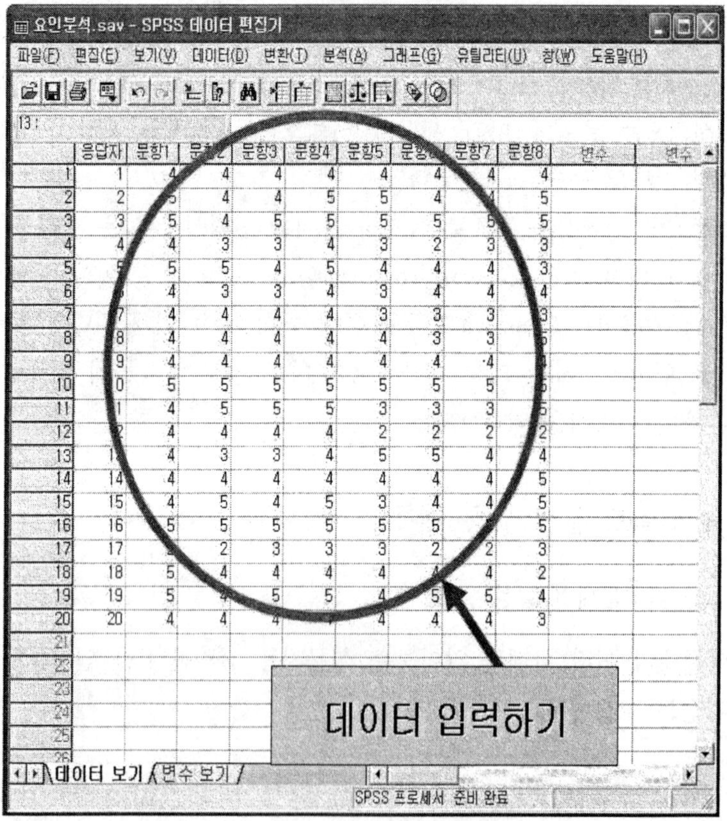

[그림 9-1] 데이터 입력하기

단계 2

[그림 9-2]와 같이 SPSS 메뉴에서 [분석(A)]-[척화도분석(A)]-[신뢰도 분석(R)...]을 선택한다.

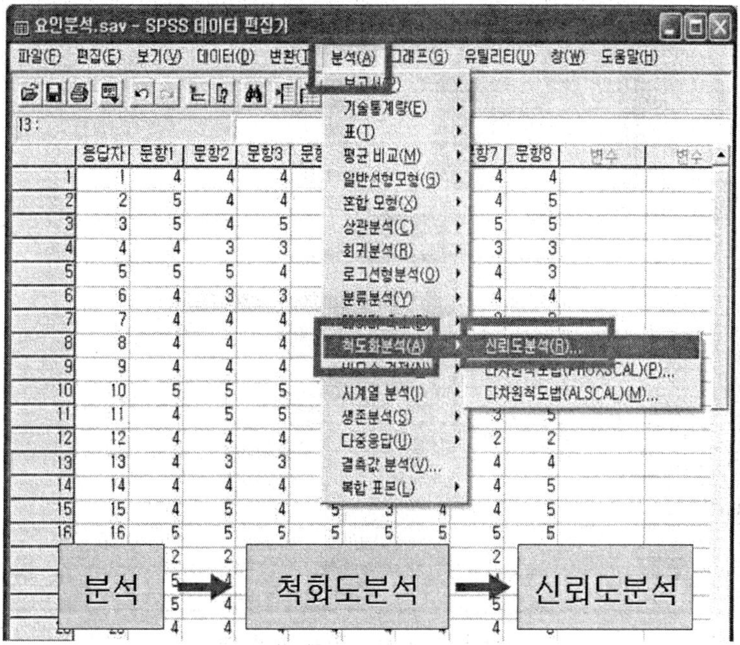

[그림 9-2] 신뢰도 분석 선택하기

단계 3

[그림 9-3]은 신뢰도 분석 실행을 설정 사항을 나타낸다. 그림에서 설명하고 있는 ①~②의 설정 방법을 간략히 알아보자.

① [신뢰도 분석] 창의 좌측 상자 변수들을 [항목(I)]로 이동한다. [모형(M)]은 '알파'로 선택한다.

② [통계량(S)...] 버턴을 누르면, [신뢰도 분석: 통계량] 창이 나타난다. 여기서 [다음에 대한 기술통계량]의 '항목(I)', '척도(S)', '항

목제거척도(A)'를 체크하고 [계속]을 클릭한다. [신뢰도 분석] 창에서 [확인]을 클릭한다.

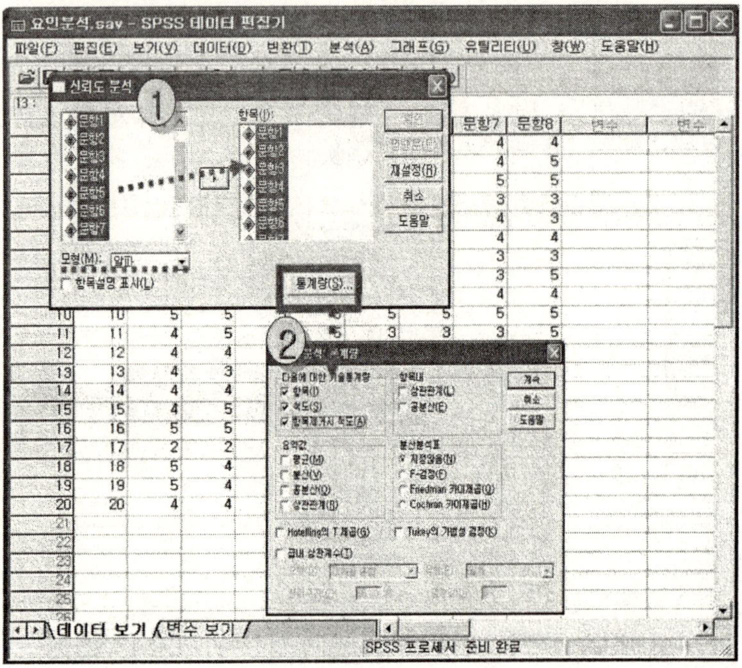

[그림 9-3] 신뢰도 분석 설정하기

단계 4

[그림 9-4]와 같은 결과창이 나타난다. 결과창에서 나타난 분석값들을 해석한다.

결과값 중 가장 중요한 것은 [신뢰도 통계량] 표에 있는 Cronbach α값이 될 것이다. 표에서는 'Cronbach의 알파' 항목에 0.904가 나타나 있다. 이것은 전체 설문 문항에 대한 신뢰도 계수값을 의미한다. 일반적으로 이 값이 1에 가까울수록 설문 문항들은 신뢰성이 있다고 판단한다.

만약 신뢰성의 정도가 낮게 나왔다면, [항목 총계 통계량] 표의 '항목이 삭제된 경우 Cronbach 알파'값을 통해 신뢰성이 낮은 문항을 제거함으로써 신뢰성을 높일 수 있을 것이다. [그림 9-4]의 [항목 총계 통계량]에서는 문항8을 제거할 경우 신뢰성이 0.911로 높아지는 것을 알 수 있다.

케이스 처리 요약

		N	%
케이스	유효	20	100,0
	제외됨[a]	0	,0
	합계	20	100,0

a. 목록별 삭제는 프로시저의 모든 변수를 기준으로 합니다.

신뢰도 통계량

Cronbach의 알파	항목 수
,904	8

항목 통계량

	평균	표준 편차	N
문항1	4,25	,716	20
문항2	4,00	,795	20
문항3	4,05	,686	20
문항4	4,35	,587	20
문항5	3,85	,875	20
문항6	3,80	1,005	20
문항7	3,80	,894	20
문항8	3,95	1,050	20

항목 총계 통계량

	항목이 삭제된 경우 척도 평균	항목이 삭제된 경우 척도 분산	수정된 항목-전체 상관관계	항목이 삭제된 경우 Cronbach 알파
문항1	27,80	21,537	,744	,889
문항2	28,05	21,839	,609	,899
문항3	28,00	22,105	,685	,894
문항4	27,70	22,221	,801	,889
문항5	28,20	20,800	,680	,893
문항6	28,25	18,934	,806	,881
문항7	28,25	19,461	,854	,877
문항8	28,10	20,726	,541	,911

척도 통계량

평균	분산	표준 편차	항목 수
32,05	26,997	5,196	8

[그림 9-4] 신뢰도분석 결과 출력창

2 상관분석

2.1 상관분석 개관

상관분석(Correlation Analysis)이란 두 개 이상의 변인들이 어떠한 관련성을 갖는지 알아보기 위해 실시하는 통계방법이다. 상관분석을 위해서는 데이터가 등간척도 혹은 비율척도의 형태를 갖추어야 하며 두 개 이상의 변인이 있어야 한다.

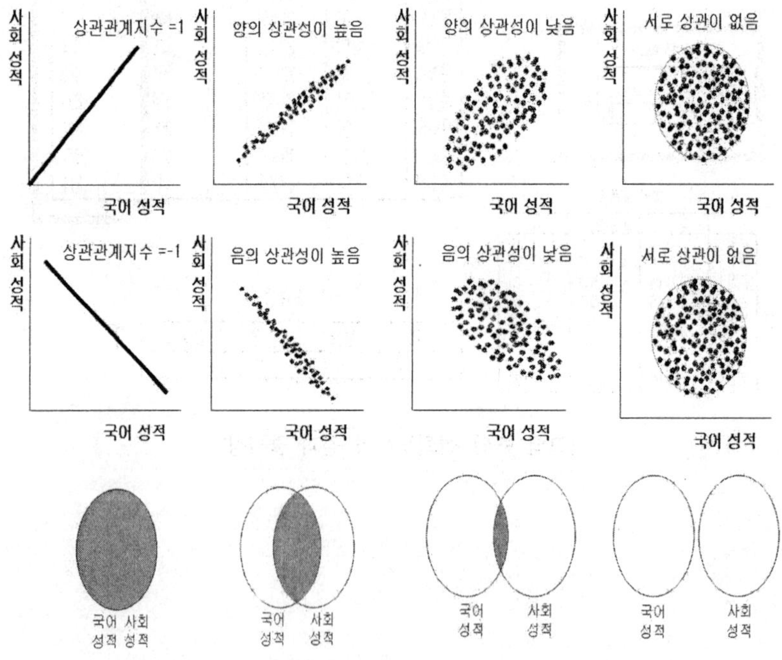

[그림 9-5] 국어 성적과 사회 성적의 상관관계 유형

예를 들면, 국어 성적이 높은 학습자는 사회 성적도 높다고 할

수 있을까?(서로 관계가 있는가), 교육용 사이트의 유용성과 용이성은 서로 관계가 있는가? 등을 생각해 볼 수 있다.

상관분석은 변인 간의 관련성을 분석하지만 이 분석이 원인과 결과를 나타내는 것은 아니다. 예에서와 같이 국어 성적과 사회 성적의 인과적 관계에 대한 분석이 아닌 두 변인들이 어떠한 관계성을 갖는지 분석하는 데 목적이 있다.

상관분석의 결과는 '상관관계지수(Correlation Coefficient)'를 통해 나타난다. 상관관계지수는 1에서 -1사이의 값으로 표현되며 상관성을 파악하는 지표가 된다. 국어 성적과 사회 성적이 상관이 있는지 없는지, 양의 상관인지 음의 상관인지, 상관의 강도는 어느 정도인지 등을 통계적으로 파악할 수 있게 된다. [그림 9-5]는 상관관계지수로 표현된 상관성의 정도를 시각적으로 나타낸다. 좌측으로 갈수록 두 변인간의 상관성이 높고 우측으로 갈수록 상관성이 낮아짐을 알 수 있다.

2.2 상관분석 활용 예제

상관분석을 예를 통해 활용 방법을 익혀 보자.

(1) 연구문제의 설정

앞에서의 예를 연구문제로 설정한다면,

'학습자의 국어 성적과 사회 성적은 서로 관계가 있을 것이다'라고 가설 형식으로 설정할 수 있을 것이다.

(2) 연구 데이터 수집

논문에서는 정교하게 데이터를 수집해야 한다. 여기서는 편의상 <표 9-1>과 같이 20개의 데이터를 가상으로 입력하고 분석하는 과정을 살펴보겠다.

〈표 9-1〉 학습자의 국어 성적과 사회 성적

학습자	국어 성적	사회 성적
1	60	80
2	40	60
3	80	70
4	55	45
5	90	85
6	95	80
7	45	50
8	70	60
9	85	90
10	75	80
11	65	80
12	45	60
13	90	100
14	95	90
15	100	95
16	95	85
17	90	90
18	60	70
19	65	55
20	75	85

(3) SPSS 실행

단계 1

SPSS를 실행시키고 <표 9-1>의 데이터를 입력한다. [그림 9-6]은 이러한 과정을 그림으로 나타내고 있다.

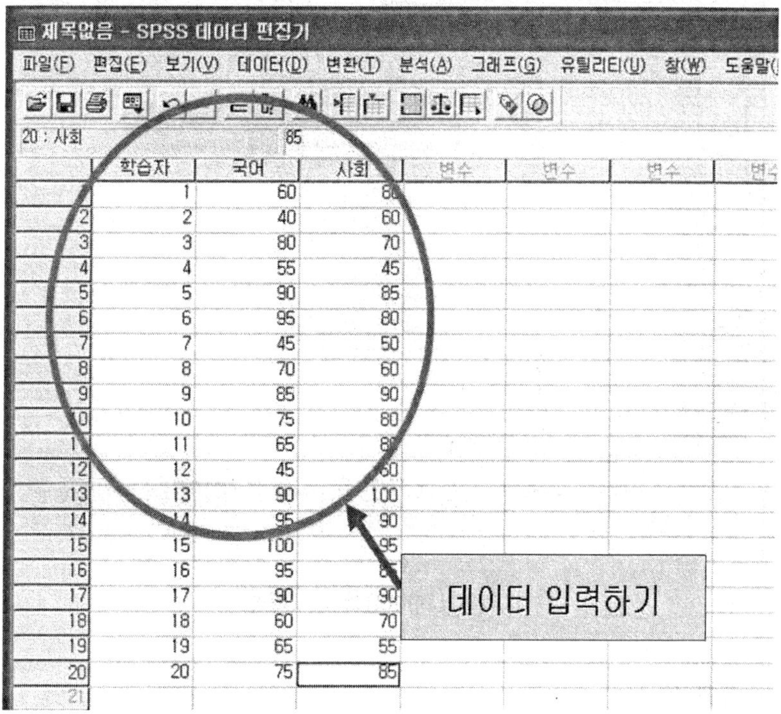

[그림 *9-6*] 데이터 입력하기

단계 2

SPSS 메뉴에서 [분석(A)]-[상관분석(C)]-[이변량 상관계수(B)]를 선택한다.

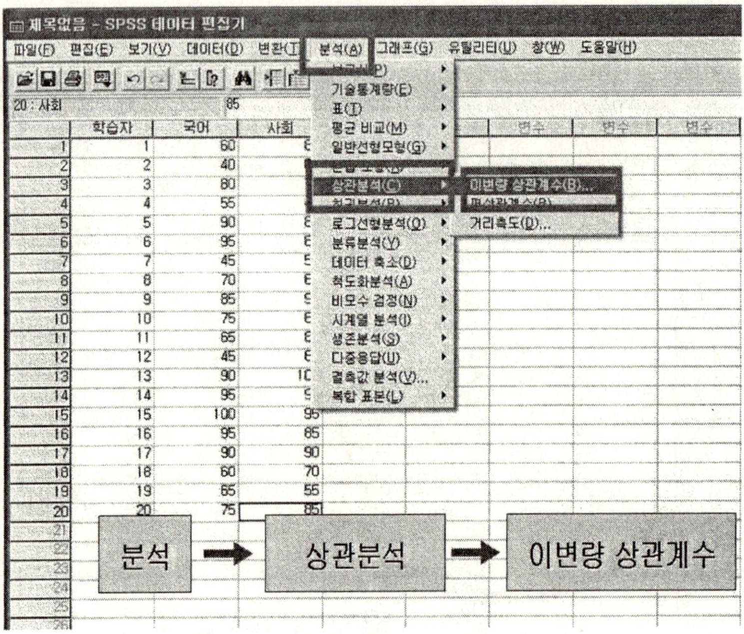

[그림 *9-7*] 상관분석 선택하기

단계 3

[그림 9-8]과 같이 '이변량 상관계수' 창의 좌측 상자에서 '국어', '사회'를 클릭하여 [변수(V)]로 옮긴다. [상관계수]에서는 Pearson(N), [유의성 검정]에서는 양쪽(T) 및 '유의한 상관계수 별표시(F)'가 기본적으로 설정된 것을 확인할 수 있다.

[옵션(O)...] 버튼을 클릭한다. '이변량 상관계수: 옵션' 창이 나타나면 [통계량]에서 '평균과 표준편차(M)', '교차곱 편차와 공분산(C)'를 체크하고, [계속]을 클릭한다.

'이변량 상관계수' 창의 [확인]을 클릭한다.

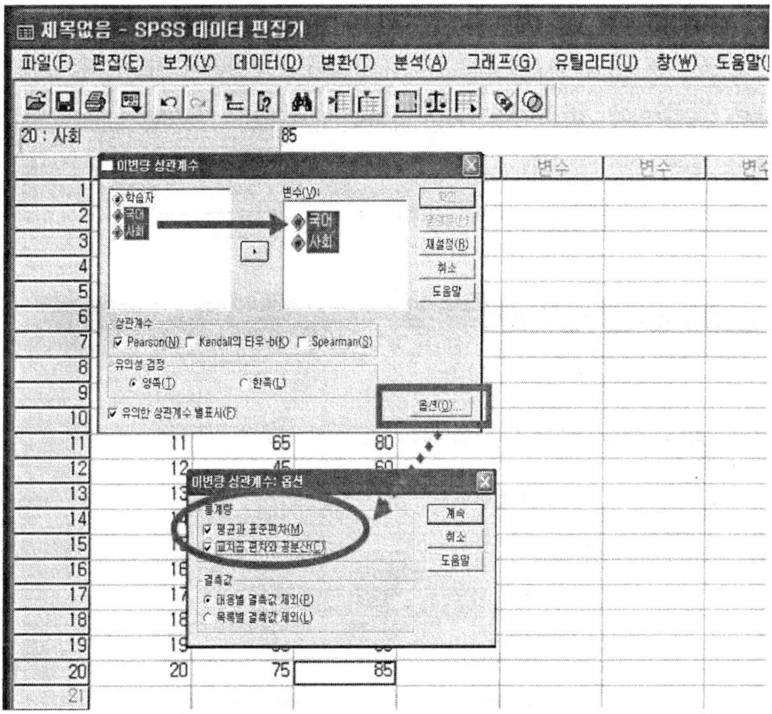

[그림 9-8] 상관분석 데이터 지정하기

단계 4

[그림 9-9]와 같은 결과창이 나타난다. 결과창에서 나타난 분석 값들을 해석한다. [기술통계량]의 표에서 국어 성적, 사회 성적의 평균 및 표준오차를 비교할 수 있다.

[상관계수]의 표를 통해 국어와 사회 성적과의 상관계수 값 0.805를 통해 두 변인간의 상관정도를 파악할 수 있다. [그림 9-5] 좌측쪽에 가까운 다이어그램과 그래프로 시각화할 수 있고, 상당히 상관이 높은 것으로 해석할 수 있다. 학자마다 혹은 연구상황마다 조

금씩 다른 해석이 있을 수 있으나 일반적으로 변인 간에 상관계수 값이 ±0.3 이하이면 낮은 것으로, ±0.3~±0.6은 어느 정도 상관이 있는 것으로, 0.6 이상이면 높은 상관이 있는 것으로 해석된다.

[상관계수] 표의 상관계수 값 하단에 '유의확률'이 제시되는데, 0.05 수준보다 크면 변인 간의 상관이 없다는 영가설을 채택하고 0.05 수준 이하면 변인 간에 상관이 있는 것을 받아들인다. 예제의 결과는 유의한 것으로 판단할 수 있다.

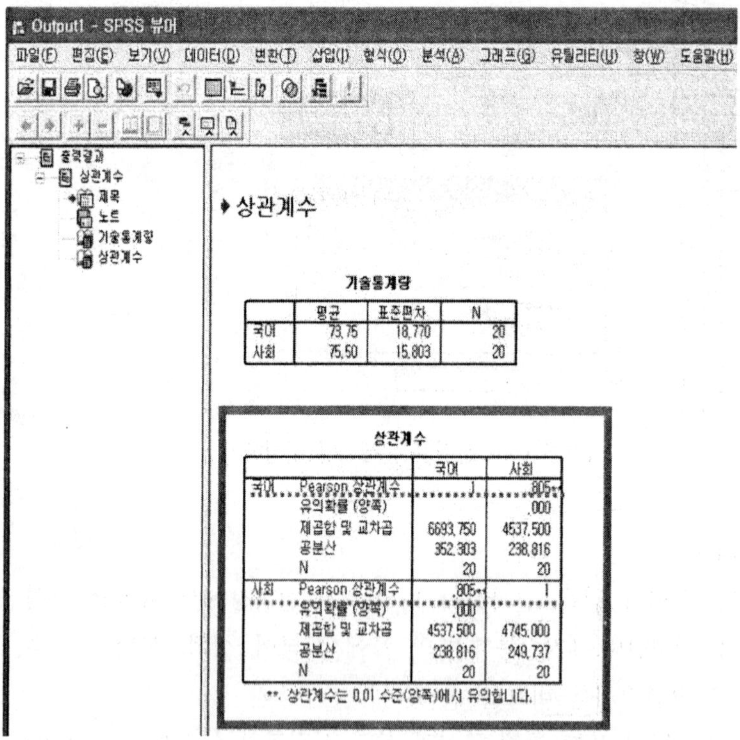

[그림 9-9] 상관분석 결과 출력창

3 요인분석

3.1 요인분석 개관

국가에서 인터넷을 통해 공교육 포털 서비스를 제공하는 사이트로 에듀넷(edunet4u.net)이 있다. 에듀넷의 고객에 해당되는 교사들이 교육 포털 서비스의 어떤 요인에 의해 사용하게 될까? 이때 어떠한 요인들로 구성되는지 알아보기 위해 설문지를 만들어 조사하게 된다. 조사하고 있는 설문지의 타당성과 함께 같은 요인을 묻고 있는 설문은 통합하여 묶을 필요가 있다. 이처럼 수많은 변수들을 관련성 있는 특정 요인으로 묶어 단순화하는 것이 요인분석(Factor Analysis)이라고 한다. 저자는 회귀분석하기 전 요인분석을 실행하여 요인을 규명한 후 회귀분석이나 인과모형을 실행한다.

3.2 요인분석 활용 예제

에듀넷 사용 요인에 대한 분석의 가상적인 예를 통해서 요인분석 방법을 익혀보자.

(1) 연구문제 설정

'에듀넷 사용 요인에는 유용성, 용이성이 있을 것이다.'라고 가설적 연구문제를 설정할 수 있다.

(2) 연구 데이터 수집

에듀넷 사용 요인을 분석하기 위해 에듀넷을 사용하는 교사들 대상으로 설문조사를 계획한다. 묻게 될 설문지를 제작해야 하는데,

여기서는 간단한 설문을 <표 9-2>와 같이 가상적으로 제작하였다. 응답은 5점 리커르트 척도로 반응하는 것을 가정하였다.

〈표 9-2〉 에듀넷 사용 요인분석을 위한 가상 설문 작성 자료

문항	설문 요지	비고
1	에듀넷을 수업에 활용하면 학생들을 보다 빠르게 가르칠 수 있다.	5점 리커르트 척도 응답
2	에듀넷을 수업에 활용하는 것은 유용하다.	
3	에듀넷을 수업에 활용하면 생산성이 향상된다.	
4	에듀넷을 수업에 활용하면 학생들의 가르치는데 효과적이다.	
5	에듀넷을 수업에 사용하기 쉽다.	
6	나는 에듀넷을 쉽게 다룬다.	
7	에듀넷에 숙련되기 쉽다.	
8	나는 수업 활용을 위해 에듀넷을 자주 사용한다.	에듀넷 사용 (종속변인)

제작된 설문지를 바탕으로 대상자를 선정하여 설문 자료를 수집하면 된다. 본 절에서는 편의상 가상적 자료를 <표 9-3>과 같이 20개의 자료를 구성하였다.

〈표 9-3〉 에듀넷 사용 요인 설문 결과 가상 자료

응답자	1번 문항	2번 문항	3번 문항	4번 문항	5번 문항	6번 문항	7번 문항	8번 문항
1	4	4	4	4	4	4	4	4
2	5	4	4	5	5	4	4	5
3	5	4	5	5	5	5	5	5
4	4	3	3	4	3	2	3	3
5	5	5	4	5	4	4	4	3
6	4	3	3	4	3	4	4	4
7	4	4	4	4	3	3	3	3
8	4	4	4	4	4	3	3	5
9	4	4	4	4	4	4	4	4

10	5	5	5	5	5	5	5	5
11	4	5	5	5	3	3	3	5
12	4	4	4	4	2	2	2	2
13	4	3	3	4	5	5	4	4
14	4	4	4	4	4	4	4	5
15	4	5	4	5	3	4	4	5
16	5	5	5	5	5	5	5	5
17	2	2	3	3	3	2	2	3
18	5	4	4	4	4	4	4	2
19	5	4	5	5	4	5	5	4
20	4	4	4	4	4	4	4	3

(3) SPSS 실행

단계 1

SPSS를 실행시키고 <표 9-3>의 데이터를 입력한다. [그림 9-10]은 이러한 과정을 그림으로 나타내고 있다.

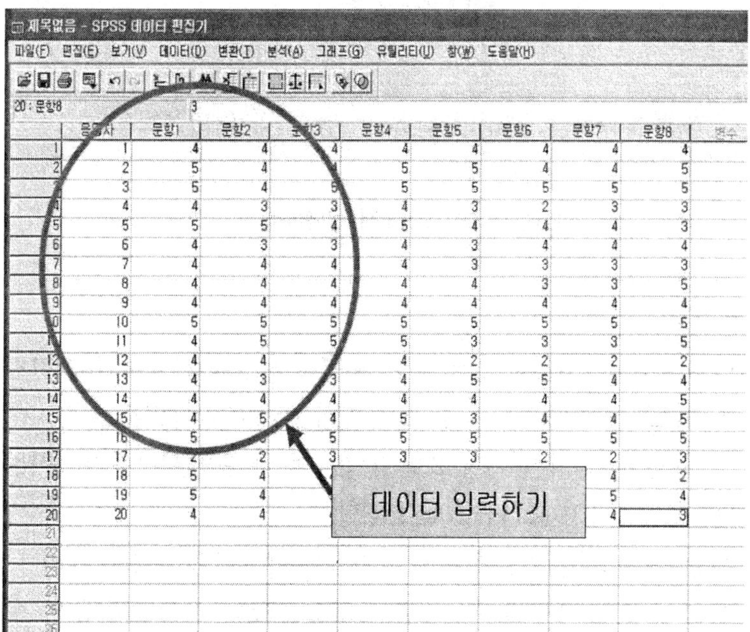

[그림 9-10] 데이터 입력하기

단계 2

[그림 9-11]과 같이 SPSS 메뉴에서 [분석(A)]-[데이터 축소(D)]-[요인분석(F)...]을 선택한다.

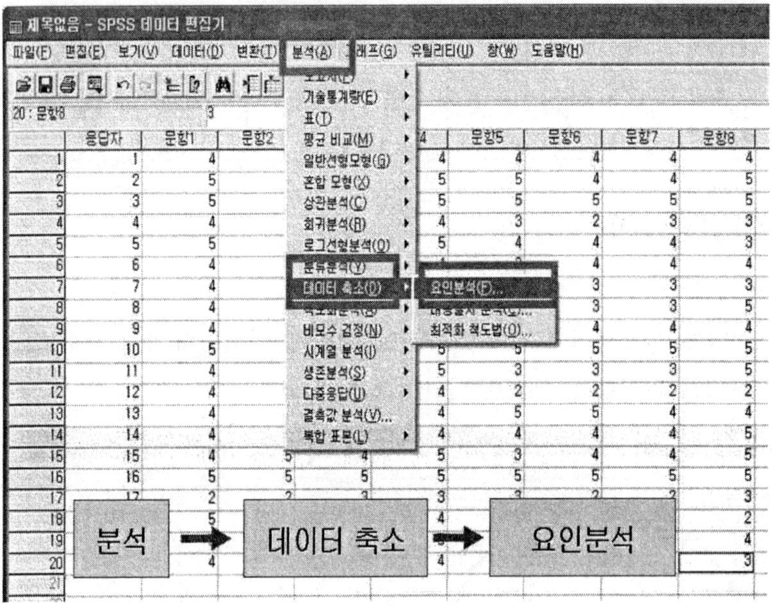

[그림 9-11] 요인분석 선택하기

단계 3

[그림 9-12]는 요인분석 실행을 위한 설정 사항을 나타낸다. 그림에서 설명하고 있는 ①~⑥의 설정 방법을 간략히 알아보자.

① [요인분석] 창의 좌측에 요인 분석을 하고자하는 변인(문항1~문항8)을 클릭하여 [변수(V)]로 옮긴다.

② [기술통계(D)...] 버턴을 누르면, [요인분석: 기술통계] 창이 나타난다. 여기서 [통계량]의 '일변량 기술통계(U)', [상관행렬]의 '상관계수(C)', '유의수준(S)'을 체크하고 [계속]을 클릭한다.

③ [요인추출(E)...] 버턴을 누르면, [요인분석: 요인추출] 창이 나타난다. [방법(M)]에 '주성분', [분석]에서 '상관행렬', [출력]에서 '회전하지 않은 요인해법', [추출]에서 '고유값 기준(E)'에서 '1'을 선택하고, [계속]을 클릭한다.

④ [요인회전(T)...] 버턴을 누르면, [요인분석: 요인회전]창이 나타난다. [방법(M)]에 '베리멕스(V)', 출력에서 '회전해법', [수렴에 대한 최대반복계산수(X)]에 '25'를 선택하고, [계속]을 클릭한다.

⑤ [요인점수(S)...] 버턴을 누르면, [요인분석: 요인점수]창이 나타난다. [요인점수 계수행렬출력]을 선택하고, [계속]을 클릭한다.

⑥ [옵션(O)...] 버턴을 누르면, [요인분석: 옵션]창이 나타난다. [결측값]의 '목록별 결측값 제외(L)'를 선택하고, [계속]을 클릭한다.

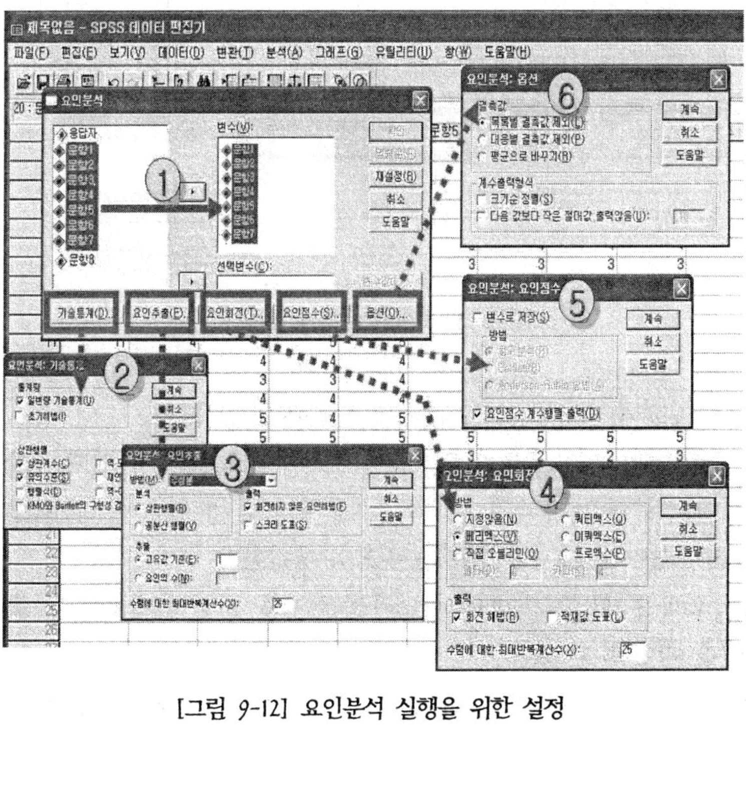

[그림 9-12] 요인분석 실행을 위한 설정

단계 4

[그림 9-13]과 같은 요인분석 결과창이 나타난다.

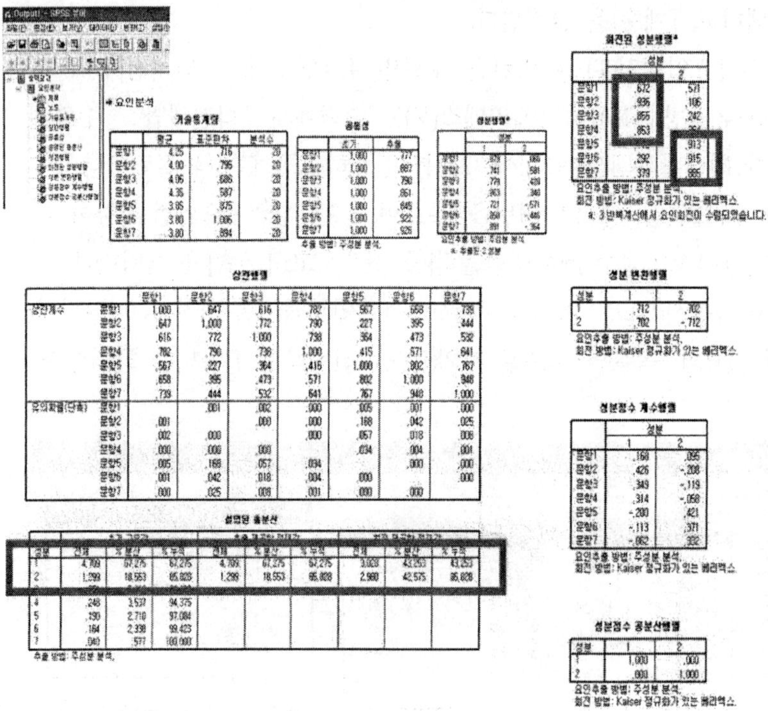

[그림 9-13] 요인분석 결과 출력창

[기술통계량] 표는 평균값, 분산을 나타내고 있다.

[공통성] 표는 공통된 인자들의 설명력을 나타낸다. 이때 추출된 값이 클수록 설명력이 높으며, 객관적 기준은 없으나 일반적으로 0.3 이상이면 큰 문제가 없는 것으로 생각된다.

[설명된 총 분산] 표에서 아이겐 값이 1 이상인 요인은 두 성분임을 확인할 수 있다.

다른 여러 표의 수치를 참고하여 최종적으로 [회전된 성분행렬]

표를 통해 두 가지 요인을 구성하는 문항으로 묶을 수 있다. 제1요인은 문항1, 문항2, 문항3, 문항4를 포함하는 변인으로 '유용성'요인, 제2요인은 문항5, 문항6, 문항7로 '용이성'요인이라고 명명할 수 있다.

분석을 통해 설문 문항의 타당성을 확인할 수 있다.

요인분석 결과는 그 자체로 결과가 보고되기도 하지만 회귀분석이나 구조방정식 모형 등의 변인 간의 인과관계 분석을 통해 세밀한 결과를 보고한다. 회귀분석은 다음 절에서 살펴보자.

4 회귀분석

4.1 회귀분석 개관

3절의 요인분석에서 설문들이 어떠한 요인을 나타내는지를 파악하는 방법을 알아보았다. 이번 절에서는 파악되어진 요인들이 우리가 알고자 하는 것(종속변인)에 어떠한 영향을 미치는지 알아보자.

회귀분석이란 독립변인이 종속변인에게 미치는 영향력을 분석하는 통계방법이다. 이때 독립변인과 종속변인은 등간척도 혹은 비율척도가 되어야 한다. 독립변수가 한 개일 경우 단순회귀분석(bivariate regression analysis), 독립변수가 두 개 이상일 경우 다중회귀분석(multiple regression analysis)으로 구분할 수 있다.

4.2 회귀분석 활용 예제

3절의 에듀넷 사용 요인 분석의 예를 여기서도 사용하며 회귀분석 방법을 익히고 그 의미를 파악해 보자.

(1) 연구문제 설정

'에듀넷의 유용성과 용이성은 에듀넷 사용에 영향을 미칠 것이다.'라고 가설적 연구문제를 설정할 수 있다. 변인들을 구분하여 가설 형식으로 표현한다면 다음과 같다.

H1. 에듀넷의 유용성은 에듀넷 사용에 영향을 미칠 것이다.
H2. 에듀넷의 용이성은 에듀넷 사용에 영향을 미칠 것이다.

이러한 가설적 모형을 그림으로 표현하면 [그림 9-14]와 같이 나타낼 수 있을 것이다.

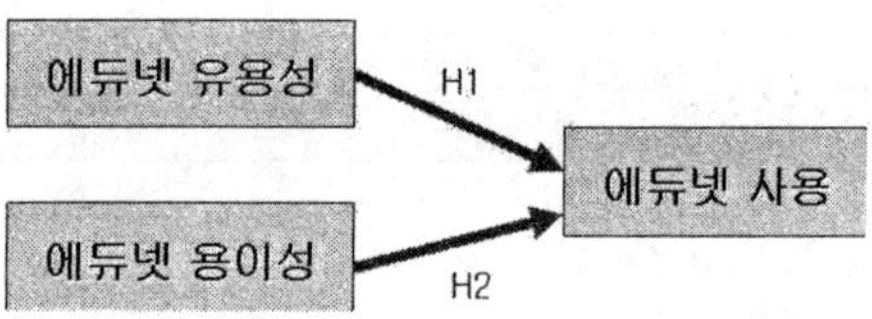

[그림 9-14] 연구문제의 가설적 모형

연구문제를 두 독립변인과 종속변인과의 관계를 설정함으로써 분석 방법은 다중회귀분석이 선택되어야 할 것이다. 연구자는 분석결과로부터 H1, H2의 영향력의 크기, 강도, 방향 등에 대해 알 수 있고, 이를 바탕으로 결과에 대한 해석과 제언을 이끌어 낼 수 있다.

(2) 연구 데이터 수집

연구 데이터는 3절에서 사용한 <표 9-2>의 설문과 <표 9-3>의 응답된 가상적 결과를 활용하여 사용할 수 있다. 요인 분석결과를 반영하여 앞 절의 표는 <표 9-4>와 같이 재작성될 수 있다.

〈표 9-4〉 에듀넷 사용 요인 원시자료

변인명	에듀넷 유용성				에듀넷 용이성			에듀넷 사용
속성	독립변인 1				독립변인 2			종속변인
원시자료	1번 문항	2번 문항	3번 문항	4번 문항	5번 문항	6번 문항	7번 문항	8번 문항
1	4	4	4	4	4	4	4	4
2	5	4	4	5	5	4	4	5
3	5	4	5	5	5	5	5	5
4	4	3	3	4	3	2	3	3
5	5	5	4	5	4	4	4	3
6	4	3	3	4	3	4	4	4
7	4	4	4	4	3	3	3	3
8	4	4	4	4	4	3	3	5
9	4	4	4	4	4	4	4	4
10	5	5	5	5	5	5	5	5
11	4	5	5	5	3	3	3	5
12	4	4	4	4	2	2	2	2
13	4	3	3	4	5	5	4	4
14	4	4	4	4	4	4	4	5
15	4	5	4	5	3	4	4	5
16	5	5	5	5	5	5	5	5
17	2	2	3	3	3	2	2	3
18	5	4	4	4	4	4	4	2
19	5	4	5	5	4	5	5	4
20	4	4	4	4	4	4	4	3

여러 설문문항들은 우리가 구하고자 하는 하나의 변인을 측정하는 지표로 활용되는 것이다. <표 9-4>에서 문항 1~4는 유용성 측정의 독립변인이 되고, 문항 5~7은 용이성을 측정하는 독립변인이 된다. 문항 8은 에듀넷 사용을 측정하는 종속변인이 된다.

(3) SPSS 실행

단계 1

3절과 같이 SPSS를 실행시키고 <표 9-4>의 데이터를 입력한다. <그림 9-15>는 이러한 과정을 그림으로 나타내고 있다.

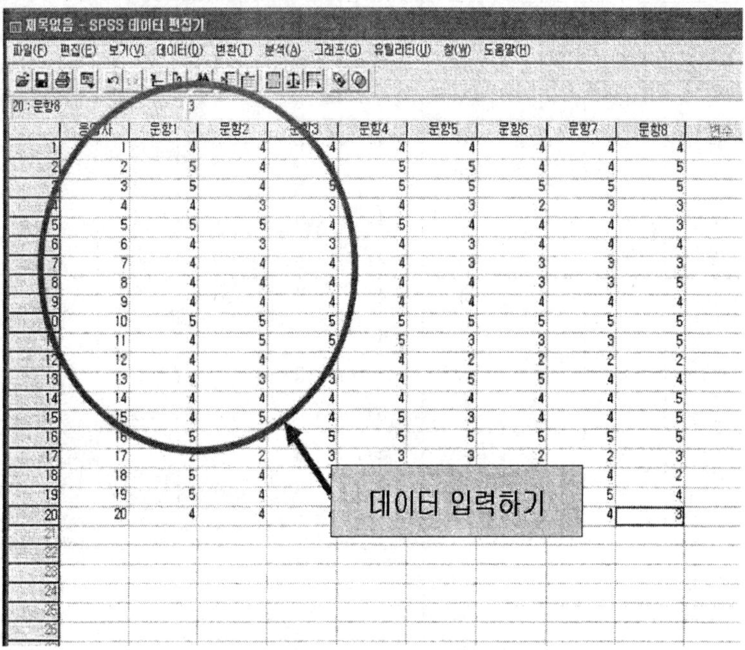

[그림 9-15] 데이터 입력하기

단계 2

각 문항들을 변인을 나타내는 값으로 통합한다. 3절의 요인분석 결과 7개의 설문 문항은 유용성과 용이성의 두 요인으로 나타났다. '문항 1~4'와 '문항 5~7'을 묶어서 새로운 변수 '유용성', '용이성'을 생성할 필요가 있다. 생성방법은 설문 문항의 응답의 평균을 구한 후 새로운 변수를 만들면 될 것이다.

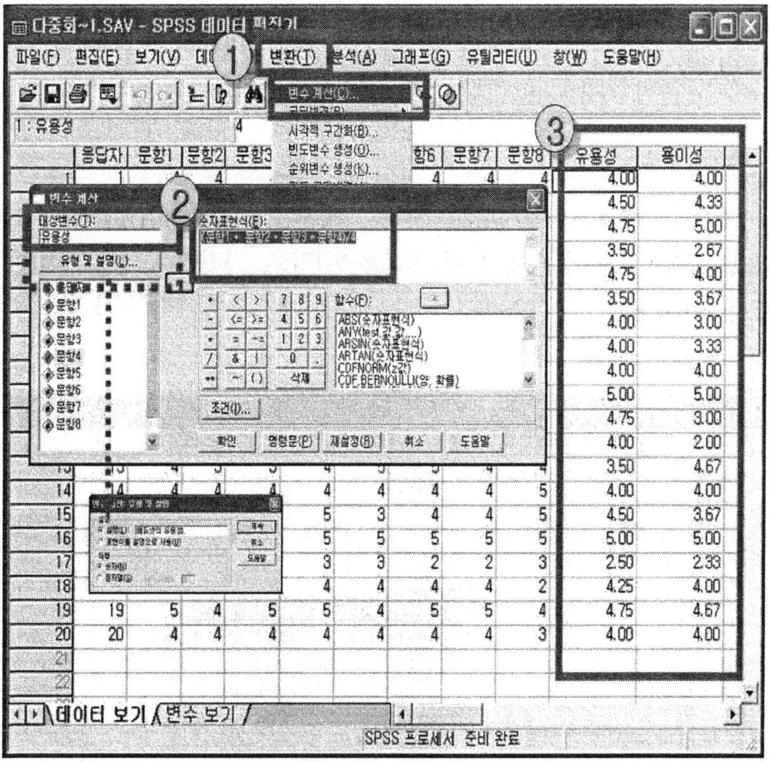

[그림 9-16] 통합된 변인 만들기

[그림 9-16]의 ①~③은 이러한 방법을 설명하고 있다.

① 메뉴에서 [변환(T) - 변수 계산(C)...]를 클릭한다.

② [변수 계산] 창이 나타나면, [대상변수(T)]에 생성하고자 하는 변수명을 넣는다. 지금 예제의 경우 유용성, 용이성이 될 것이다. [유형 및 설명] 버튼을 클릭하면 변인이 설명하는 것과 데이터 유형을 선택할 수 있다. [숫자표현식(E)]에는 통합하려는 설문 문항들을 입력한다. 예를 들어, 유용성은 '(문항1+문항2+문항3+문항4)/4'를 하면 될 것이다. [확인]을 클릭한다.

③ 통합된 결과는 데이터 워크시트의 기존 변수에 추가되어 나

타난다. 그림에서는 유용성과 용이성이 나타나 있는 것을 확인할 수 있다.

단계 3

다중회귀분석을 실시하기 위해 메뉴에서 [분석(A)]-[회귀분석(R)]-[선형(L)...]을 선택해 보자. [그림 9-17]은 이러한 과정의 화면을 나타낸다.

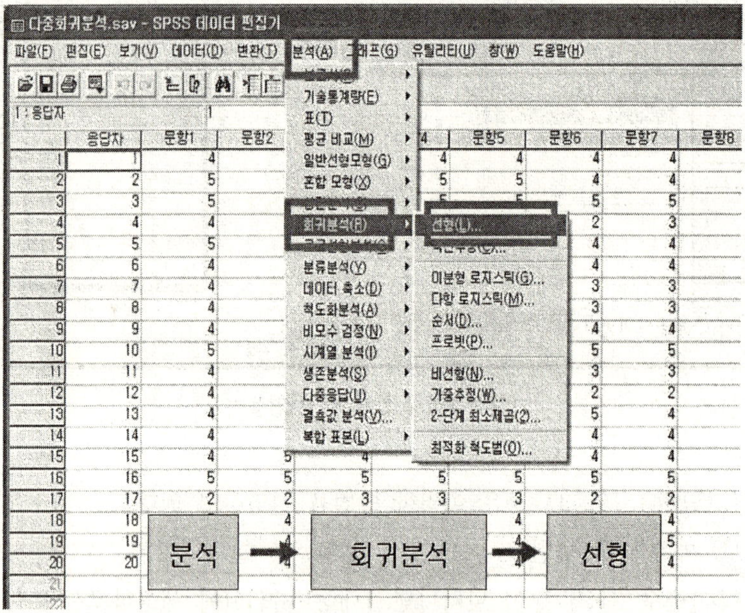

[그림 9-17] 회귀분석 선택하기

단계 4

[그림 9-18]은 회귀분석 실행을 위한 설정 사항을 나타낸다. 그림에서 설명하고 있는 ①~⑤의 설정 방법을 간략히 알아보자.

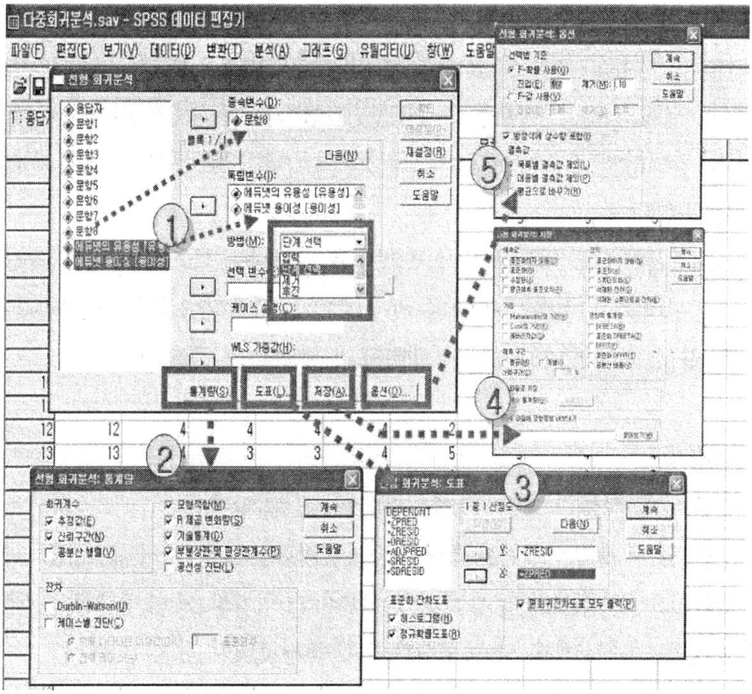

[그림 9-18] 회귀분석 실행을 위한 설정

① [선형 회귀분석] 창에서 독립 변인(유용성, 용이성)을 클릭하여 [독립변수(I)]로 옮긴다. 종속 변인(문항8)을 클릭하여 [종속변수(D)]로 옮긴다. [방법(M)]에서 '단계선택'을 선택한다.

② [통계량(S)...] 버턴을 누르면, [선형 회귀분석: 통계량] 창이 나타난다. 연구자가 관심있는 항목을 클릭하면 된다. 본 예제에서는 [회귀계수]의 '추정값(E)', '신뢰구간(N)', '모형적합(M)', 'R 제곱 변화량(S)', '기술통계(D)', '부분상관 및 편상관계수(P)'를 체크하고

[계속]을 클릭한다.

③ [도표(L)...] 버턴을 누르면, [선형 회귀분석: 도표] 창이 나타난다. [1중1산점도]의 Y값에 '*ZRESID', X값에 '*ZPRED'를 입력한다. [표준화 잔차도표]의 '히스토그램(H)', '정규확률도표(R)'을 체크한다. '편회귀잔차도표 모두 출력'을 체크한다. [계속]을 클릭한다.

④ [저장(A)......] 버턴을 누르면, [선형 회귀분석: 저장]창이 나타난다. 필요한 것은 선택하여 저장할 수 있다. 이를 확인하고, [계속]을 클릭한다.

⑤ [옵션(O)...] 버턴을 누르면, [선형 회귀분석: 옵션]창이 나타난다. [선택법 기준]에 'F-확률 사용(O)'이 선택되어 있다. [결측값]의 '목록별 결측값 제외(L)'를 선택하고, [계속]을 클릭한다.

단계 5

결과 출력창을 보고 의미를 해석하는 단계이다.

[그림 9-19]는 회귀분석으로 나온 결과값들을 나타내고 있다. 독립변인으로 에듀넷의 유용성, 에듀넷의 용이성을 사용하였고, 종속변인으로 에듀넷의 사용(문항8)으로 측정하였다.

[기술통계량] 표는 평균값, 분산을 나타내고 있다.

[상관계수]표는 변인들 간의 상관성을 나타낸다. 표에 의하면 '에듀넷사용(문항8)'과 '에듀넷의 용이성'은 0.524, '에듀넷의 유용성'은 0.438로 비교적 관계가 있는 것으로 나타났다.

[진입/제거된 변수] 표를 통해 용이성은 진입되었다는 것을 확인할 수 있다.

[제외된 변수] 표를 통해 유용성은 통계적으로 유의하지 않아 제외되었음을 알 수 있다.

[모형 요약] 표를 보면, 'R제곱 값'이 0.275 임을 알 수 있다. 이것은 모형에서 독립변인들이 종속변인을 설명하는 정도를 나타낸

다. 최초 유용성과 용이성 두 독립변인이 있었으나 분석과정에서 유용성은 제거되었다. 따라서 용이성이 사용에 대해 설명하는 정도가 27.5%인 것으로 생각할 수 있다. '수정된 R제곱값'은 0.234로 나타났다. 일반적으로 수정된 R제곱값은 표본의 사례수가 작을 때 해석한다.

[분산분석] 표에서 F값은 6.816이고 유의확률은 0.018이다. 이는 95%수준에서 모형을 신뢰할 수 있음을 의미한다.

[계수] 표에서 B값은 요인의 중요도를 파악하는데 유용할 수 있다. 분석방식에서 '단계선택'을 하였기 때문에 과정에서 유의하지 않는 변수는 제외한다. 표를 통해 찾을 수 있는 회귀식은 [1.550+(에듀넷 용이성 × 0.629)] 이다. 사용성에 대한 설명 정도는 '베타'값 0.524로 52%이다.

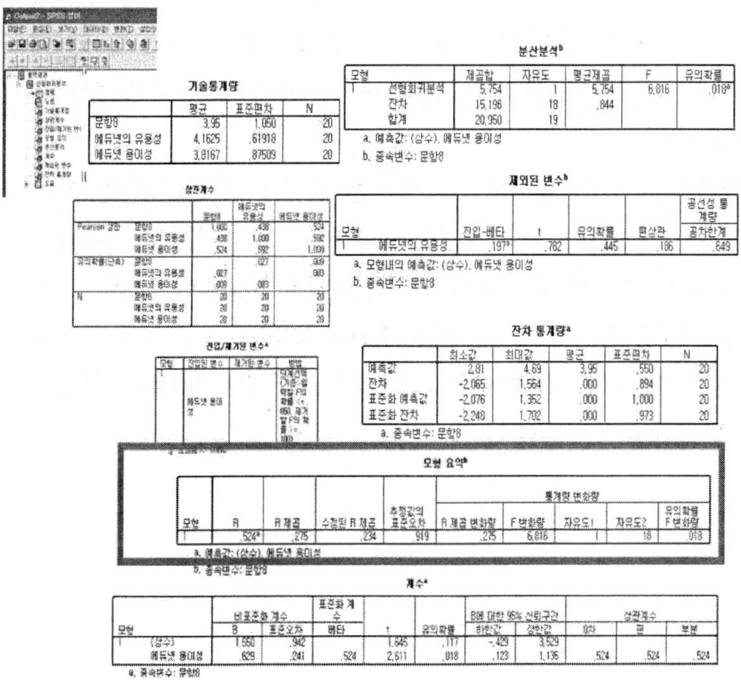

기술통계량

	평균	표준편차	N
문항8	3.95	1.050	20
에듀넷의 유용성	4.1625	.61918	20
에듀넷 용이성	3.8167	.87509	20

분산분석[b]

모형		제곱합	자유도	평균제곱	F	유의확률
1	선형회귀분석	5.754	1	5.754	6.816	.018[a]
	잔차	15.196	18	.844		
	합계	20.950	19			

a. 예측값: (상수), 에듀넷 용이성
b. 종속변수: 문항8

상관계수

		문항8	에듀넷의 유용성	에듀넷 용이성
Pearson 상관	문항8	1.000	.438	.524
	에듀넷의 유용성	.438	1.000	.592
	에듀넷 용이성	.524	.592	1.000
유의확률(단측)	문항8	.	.027	.009
	에듀넷의 유용성	.027	.	.003
	에듀넷 용이성	.009	.003	.
N	문항8	20	20	20
	에듀넷의 유용성	20	20	20
	에듀넷 용이성	20	20	20

제외된 변수[b]

모형		진입-베타	t	유의확률	편상관	공선성 통계량
						공차한계
1	에듀넷의 유용성	.197[a]	.782	.445	.186	.649

a. 모형내의 예측값: (상수), 에듀넷 용이성
b. 종속변수: 문항8

진입/제거된 변수[a]

모형	진입된 변수	제거된 변수	방법
1	에듀넷 용이성		단계선택 (기준: 입력할 F의 확률 <= .050, 제거할 F의 확률 >= .100).

잔차 통계량[a]

	최소값	최대값	평균	표준편차	N
예측값	2.81	4.69	3.95	.550	20
잔차	-2.065	1.564	.000	.894	20
표준화 예측값	-2.076	1.352	.000	1.000	20
표준화 잔차	-2.248	1.702	.000	.973	20

a. 종속변수: 문항8

모형 요약[b]

모형	R	R 제곱	수정된 R 제곱	추정값의 표준오차	통계량 변화량				
					R 제곱 변화량	F 변화량	자유도1	자유도2	유의확률 F 변화량
1	.524[a]	.275	.234	.919	.275	6.816	1	18	.018

a. 예측값: (상수), 에듀넷 용이성
b. 종속변수: 문항8

계수[a]

모형		비표준화 계수 B	비표준화 계수 표준오차	표준화 계수 베타	t	유의확률	B에 대한 95% 신뢰구간 하한값	B에 대한 95% 신뢰구간 상한값	상관계수 0차	상관계수 편	상관계수 부분
1	(상수)	1.550	.942		1.645	.117	-.429	3.529			
	에듀넷 용이성	.629	.241	.524	2.611	.018	.123	1.135	.524	.524	.524

a. 종속변수: 문항8

[그림 9-19] 회귀분석 결과 출력창

가상 데이터 결과를 바탕으로 초기에 세웠던 가설을 검증해 볼 수 있다.

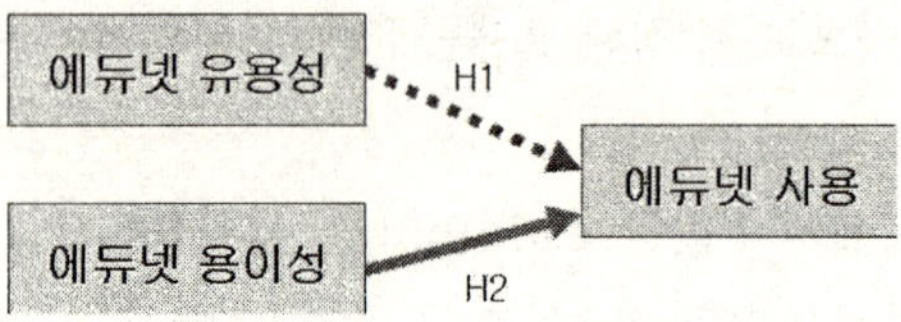

[그림 9-20] 회귀분석을 통한 연구가설의 종합적 도식화

H1은 기각되었고, H2는 채택되었다. 그리고 그 관계의 정도도 통계값으로 제시할 수 있을 것이다. 개념적으로 연구가설 결과를 도식화 하면 [그림 9-20]과 같이 나타낼 수 있을 것이다. 연구결과는 가상 데이터의 결과라는 점을 미리 밝혀 둔다. 경험적 데이터를 가지고 실시한 연구결과가 궁금하다면 허균(2008)의 논문을 참고하기 바란다.

가설결과를 도식화해서 나타내었지만 회귀분석은 독립변인 간의 관계를 표현하지 못하는 한계점이 있다. 이러한 한계점을 극복하기 위해 인과적 관계 분석을 목적으로 만들어진 모형이 구조방정식 모형이다. 구조방정식 모형은 AMOS, Lisrel 등의 도구를 활용하여 표현할 수 있다. 다음 장에서는 구조방정식 모형을 AMOS로 활용하는 방법에 대해 다루겠다.

제10장 AMOS를 활용한 구조방정식 모형

1. 구조방정식 개념
2. AMOS 프로그램 전체 구조
3. AMOS 도구 아이콘 익히기
4. AMOS를 활용한 구조방정식 분석 사례

구조방정식 모형은 사회현상에서 나타나는 현상의 인과관계를 확인적 접근방법으로 구조적인 이론 분석을 통해 통계적으로 검증하는 방법이다. 회귀분석이 인과관계의 존재 가정 하에서 분석이 이뤄졌으나 실제 사회현상을 파악하는데 많은 제약점이 있었다. 이러한 문제를 해결하기 위한 대안이 구조방정식으로 알려져 있으며 교육학, 심리학, 사회학, 경제학, 경영학 등에서 많이 활용되고 있다.

본 장에서는 구조방정식의 개념을 익히고, 이를 적용할 수 있는 AMOS 프로그램 활용방법을 구체적인 예를 통해 익혀보자.

1 구조방정식 모형의 개념

1.1 구조방정식 모형

구조방정식 모형(SEM: Structural Equation Modeling)은 사회현상에서 나타나는 현상의 인과관계를 확인적 접근방법으로 구조적인 이론 분석을 통해 통계적(다변량분석기법)으로 검증하는 방법이다. 여러 전문 서적에서는 구조방정식 모형을 리즈렐 분석(Linear Structrual Relation Analysis), 인과관계분석(casual relationships analysis), 공변량구조분석(covariance structure analysis) 등으로 불린다. 회귀분석이 인과관계의 존재 가정하에서 분석이 이뤄졌으나 실제 사회현상을 파악하기에는 많은 제약점이 있었다. 이러한 문제를 해결하기 위한 대안이 구조방정식으로 알려져 있으며 교육학, 심리학, 사회학, 경제학, 경영학 등에서 많이 활용되고 있다.

1.2 구조방정식 모형의 주요 용어

(1) 잠재변수

잠재변수(latent variable)는 직접적으로 관찰되지 않는 이론적 개념이다. 예를 들면, 유용성, 용이성, 서비스 품질, 고객만족, 학업성취도 등과 같이 추상적 개념을 나타낸다. AMOS에서 원 혹은 타원으로 표시한다.

잠재변수의 종류는 변인의 역할에 따라 외생 잠재변수와 내생 잠재변수로 구분할 수 있다. 외생 잠재변수는 내생 잠재변수에 직접적인 영향을 주는 변수로 독립변수와 같은 역할을 한다. 내생 잠재변수는 외생 잠재변수에의 의해 직접 혹은 간접적 영향을 받는 변수이다. 따라서 경우에 따라 독립변수와 종속변수의 역할을 한다.

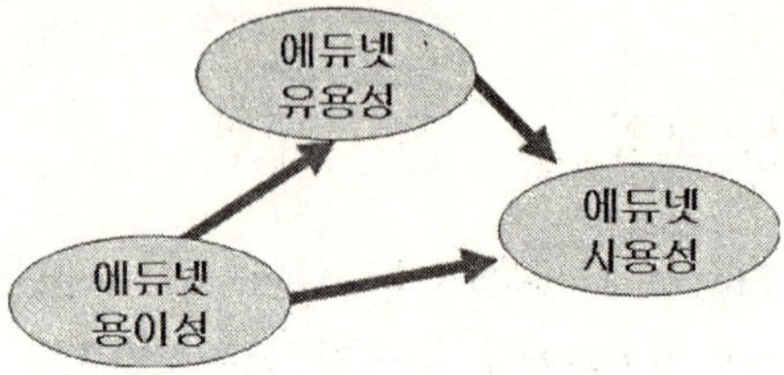

[그림 10-1] 내생변수와 외생변수

[그림 10-1]은 다음 절에서 활용하게 될 구조방정식 모형 중 잠재변수만 나타낸 것이다. 이때 외생 잠재변수는 '에듀넷 용이성'이 해당되고, 내생 잠재변수는 '에듀넷 유용성', '에듀넷 사용성'이 된다.

(2) 관측변수

관측변수란 설문 문항과 같이 직접 측정되거나 관찰되는 변수를 말한다. AMOS에서 사각형으로 표시한다. 잠재변수를 측정하기 위해서는 관측변수들이 필요하다. 환언하면 잠재변수는 조작적 정의를 통해 측정 가능한 변수로 연결되는 것이다. 예를 들어 '학업성취도' 라는 잠재변수는 '국어, 영어, 수학 점수의 합', '브랜드선호도 '라는 잠재변수는 '특정 상표에 대해 우선적으로 구매하려는 경향'과 같이 조작적으로 정의할 수 있다. 조작적 정의를 바탕으로 측정할 수 있는 설문 문항과 같은 구체적인 설문 문항을 제작할 수 있을 것이다. 관측변수의 종류도 외생 관측변수와 내생 관측변수로 구분할 수 있다. 외생 관측변수는 외생 잠재변수를 측정하기 위한 변수이며 내생 관측변수는 내생 잠재변수를 측정하기 위한 변수이다.

(3) 오차변수

오차변수는 잠재변수나 관측변수가 설명하지 못하는 부분을 나타낸다. 오차변수는 유형에 따라 잠재변수의 오차를 나타내는 구조오차와 관측변수의 오차를 나타내는 측정오차로 구분할 수 있다. 구조오차는 표현할 때 제타라고 나타낸다. 측정오차는 내생 측정오차 외생 측정오차로 구분한다. AMOS에서는 원으로 오차를 표현한다.

(4) 측정모형과 이론모형

구조방정식모형은 측정모형과 이론모형으로 구분할 수 있다.

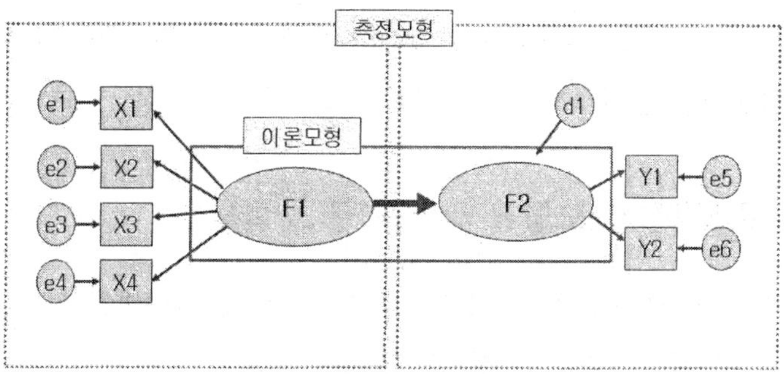

[그림 10-2] 측정모형과 이론모형

첫째, 측정모형(Measurement Model)은 관측변수와 잠재변수와의 관계를 수식으로 표현한 것을 말한다. [그림 10-2]에서와 같이 측정모형은 X에 관한 측정모형과 Y에 관한 측정모형으로 구성되어 있다. X에 관한 측정모형은 경로계수를 λ라고 했을 때,

$X1 = \lambda_{x11} * F1 + e1$, $X2 = \lambda_{x21} * F1 + e2$, $X3 = \lambda_{x31} * F1 + e3$, $X4 = \lambda_{x41} * F1 + e4$

와 같이 표현할 수 있다.

종합적으로 $X = \lambda * F1 + e$ 로 나타낼 수 있다.

같은 방식으로 Y에 관한 측정모형은,

$Y1 = \lambda_{Y11} * F1 + e5$, $Y2 = \lambda_{Y21} * F1 + e6$ 이므로

종합적으로 $Y = \lambda * F1 + e$ 와 같이 표현할 수 있다.

둘째, 이론모형(Structural Model)은 잠재변수들 간의 관계를 수식으로 표현한 것을 말한다. 잠재변수에는 외생 잠재변수와 내생 잠재변수가 존재하기 때문에 이들 간의 관계를 구조적으로 모형화 한 것이다. [그림 10-2]의 이론모형을 경로계수를 Γ이라고 했을 때 수식으로 나타내면,

종합적으로 $F2 = \Gamma * F1 + e5$ 로 나타낼 수 있다.

따라서 구조방정식 모형의 분석절차는 이론적 탐색을 통해 관측변수로부터 자료를 수집하여 잠재적 요인을 발견하고, 이를 바탕으로 잠재요인들 간의 가설 검증하는 것으로 구성된다.

1.3 구조방정식 모형에 의한 연구 절차

구조방정식 모델을 통해 연구를 하고자 할 때 전반적인 연구절차는 [그림 10-3]과 같이 나타낼 수 있다.

첫째, 이론적 탐색단계이다. 이 단계에서 연구자는 과거의 여러 연구들을 토대로 관심있는 주제와 연관된 다양한 이론을 탐색한다. 선행 연구에서 연구자 관심 주제와 유사한 이론들이 있다면 수집하여 가설 설정과 연구방향을 결정하는데 활용한다.

둘째, 연구가설 설정단계이다. 수집되어진 여러 이론들 모형을 바탕으로 연구자가 관심을 갖는 변인과 연결하여 연구가설을 설정한다. 구조방정식 모델에서 잠재변수를 이용하여 개념의 검정 가능한 관계로 연구가설을 진술한다. 예를 들면 ‘가정환경은 학업성취도에 정관계의 영향을 미친다’와 같은 가설이다.

셋째, 측정도구 개발단계이다. 연구가설이 설정되었다면, 잠재변

인을 측정할 수 있는 관측변인을 정하고, 각 관측 변인을 대표할 수 있는 설문 문항과 같은 측정 도구를 개발해야 한다. 측정도구는 구체적인 설문 문항과 같은 지표로 구성되고 타당성과 신뢰성을 갖추어야 한다.

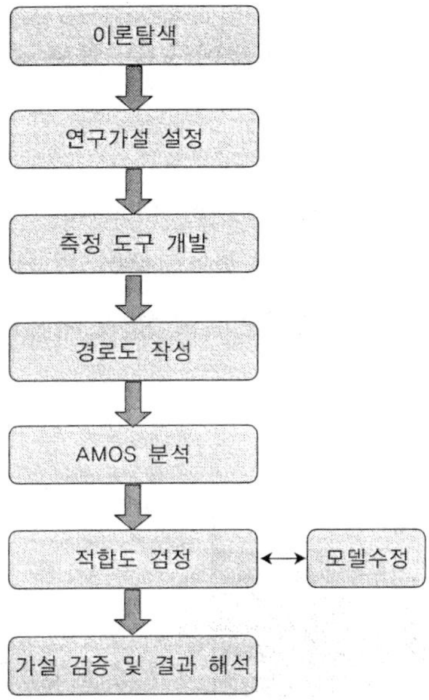

[그림 10-3] 구조방정식 모형 활용 연구절차

넷째, 경로도 작성단계이다. 측정도구가 개발되었다면, 연구가설을 바탕으로 구조방정식 모형 경로도를 작성한다. 이를 바탕으로 AMOS로 경로도를 표현하여 입력하고, 수집한 자료와 연결시켜 분석한다.

다섯째, AMOS 분석단계이다. 구체적인 AMOS 도구를 활용한 분석절차는 2절부터의 내용에서 상세히 다루고 있다.

여섯째, 적합도 검증단계이다. AMOS 분석결과로 나온 자료 중 연구 모델이 적합한지를 적합도 지수를 통해 확인할 수 있다. 이를 바탕으로 연구모델을 수정하여 재분석하고 연구가설과 가장 근접한 최적의 모델을 찾는다.

일곱째, 가설검증 및 결과해석 단계이다. 적합도 검증을 통해 분석된 모형결과 값을 바탕으로 연구 초기에 세운 가설을 검증한다. 그리고 연구에 주는 여러 가지 의미를 다각도로 분석하고 해석하는 단계이다.

2 AMOS 프로그램 전체 구조

AMOS(Analysis of Moment Structure)는 구조방정식 모형을 쉽게 분석해 주는 프로그램이다. 우리가 흔히 활용하는 SPSS와 같은 유형의 프로그램으로 쉽게 이해할 수 있을 것이다.

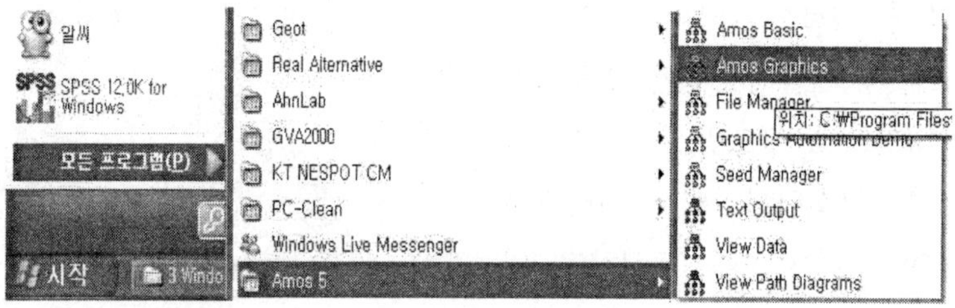

[그림 10-4] AMOS 프로그램 실행하기

AMOS 프로그램을 설치하였다면, [그림 10-4]과 같이 실행할 수 있을 것이다. 이때 AMOS 5 프로그램 내에는 Amos Basic, Amos Graphics, File Manager, Graphic Automation Demo, Text Output, View Data, View Path Diagrams로 구성되어 있음을 확인할 수 있다. AMOS Basic은 스크립트를 활용하여 변수 간의 관계를 텍스트로 표현하여 분석할 수 있게 해 준다. AMOS Graphic은 변수간의 관계를 그래프로 표현하여 분석할 수 있게 해 주며, 가장 많이 활용된다. File Manager는 이용한 화일을 관리할 수 있게 해 준다. Text Output은 실행 결과물을 나타내어 준다. View Data는 원시자료를 볼 수 있게 해 주는 메뉴이다. 그 외에도 난수 발생 관리기인 Seed Manager, 예제 샘플을 자동으로 보여주는 Graphic automation Demo, 만들어진 경로도형을 차례로 볼 수 있는 View Path Diagrams가 있다.

일반적으로 AMOS Graphics 프로그램을 활용하여 구조방정식 모형을 작성하고 분석하는 경우가 많다. [그림 10-5]는 AMOS Graphics를 실행시켰을 때 나타나는 화면이다.

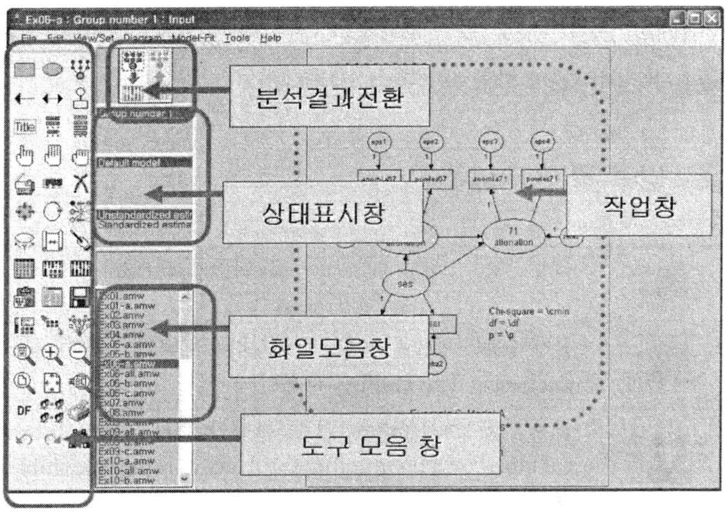

[그림 10-5] AMOS Graphic 작업환경 구성도

[그림 10-5]에서와 같이, 기본적 메뉴와 각종 인터페이스 창들을 확인할 수 있다. 이를 간략히 설명하면 다음과 같다.

[분석결과전환]은 AMOS 프로그램을 실행한 후 '분석결과'와 '모형'을 전환하여 보여주는 버튼이다.

[상태표시창]은 AMOS 프로그램을 실행한 뒤 현재의 상태를 나타낸다.

[화일모음창]은 현재 실행 중인 폴더에 있는 관련 화일의 내용이 표시된다.

[도구모음창]의 각 아이콘을 이용하여 모형을 작성하고, 데이터를 연결시키며, 실행하는 종합적 작업을 하는 곳이다.

3 AMOS 도구 아이콘 익히기

AMOS 프로그램을 활용하여 구조방정식 모형을 작성하고 분석하기 위해서 가장 먼저 [도구모음창]의 각 아이콘들을 익혀야 한다. 다음은 각 아이콘에 대한 간략한 설명이다.

3.1 변수 관련 아이콘

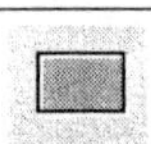	측정변수를 그릴 때(Draw observed variable) 나타낸다.
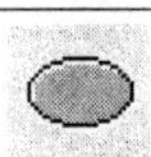	잠재변수를 그릴 때나 오차항을 나타낼 때(Draw unobserved variable) 사용한다.
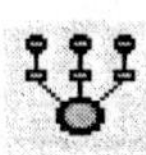	잠재변수에 측정변수 연결 추가할 때(Draw a latent variable or add an indicator to a latent variable) 사용된다.

3.2 경로 그리기 아이콘

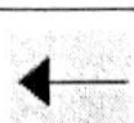	회귀경로(Draw paths[single headed arrows])를 그릴 때 사용한다.
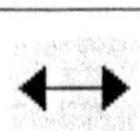	공분산을 그릴 때(Draw covariance[double headed arrows]) 사용한다.

3.3 오차 그리기(Add a unique variable to an existing variable)

	오차항을 나타낼 때 사용한다.

3.4 제목 및 변수 관련 표시 아이콘

	제목이나 주요 통계량을 입력하고자 할 때(Figure capture) 사용한다.
	모형에서 사용하고 있는 변수 목록들을 보여준다(List Variables in Model).
	원자료의 변수 목록들을 보여준다(List Variables in data set).

3.5 선택하기 아이콘

	단일 선택할 때 사용(Select one object at a time)한다.
	전체 선택할 때 사용(Select all objects) 한다.
	선택취소 할 때 사용(Deselect all objects) 한다.

3.6 복사 이동 지우기 아이콘

	복사할 때 (Duplicate objects) 사용한다.
	이동할 때(Mode objects) 사용한다.
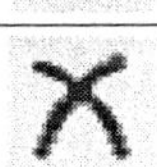	지우기를 할 때(Erase objects) 사용한다.

3.7 변형 아이콘

	대상의 형태를 변경할 때 사용(Change the shape of objects)한다.
	도형을 90도 회전하는 기능(Rotate the indicators of a latent variable)을 한다.
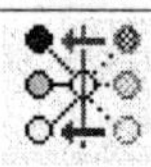	반대방향으로 이동할 때 사용(Reflect the indicators of a latent variable) 한다.
	원하는 곳으로 모수를 이동(Move parameter values) 할 때 사용한다.
	화면상에 도형의 위치를 조정할 때(Reposition the path diagram on the screen) 사용한다.
	화살표 위치를 조정하는 데 사용(Touch up a variable)한다.

3.8 데이터 연결 및 실행 아이콘

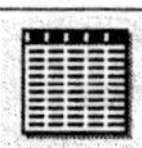	데이터를 선택하거나 읽을 때(Select data file[s]) 사용한다.
	분석 실행시 옵션을 선택할 때(Analysis properties) 사용한다.
	분석을 실행할 때(Calculate estimates) 사용한다.
	분석 결과를 볼 때(View Text) 사용한다.

그 외 사용하는 아이콘은 [그림 10-6]에 간단히 도식화하여 나타내었다.

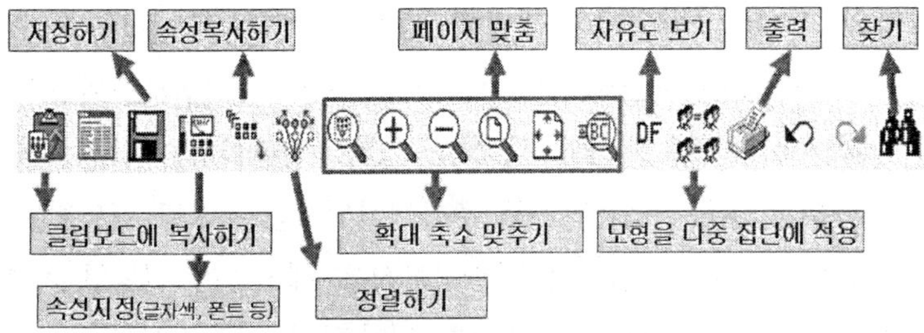

[그림 10-6] 기타 아이콘 요약 설명

4 AMOS를 활용한 구조방정식 분석 사례

4.1 AMOS 활용 구조방정식 사례 개관

9장의 3절 요인분석과 4절 회귀분석에서 에듀넷 사용성에 영향을 미치는 예시를 통하여 인과관계 모형을 설정하고 분석하는 사례를 연습하였다. 이번 절에서는 앞장의 예시를 토대로 활용하여 구조방정식에 적용해 보겠다.

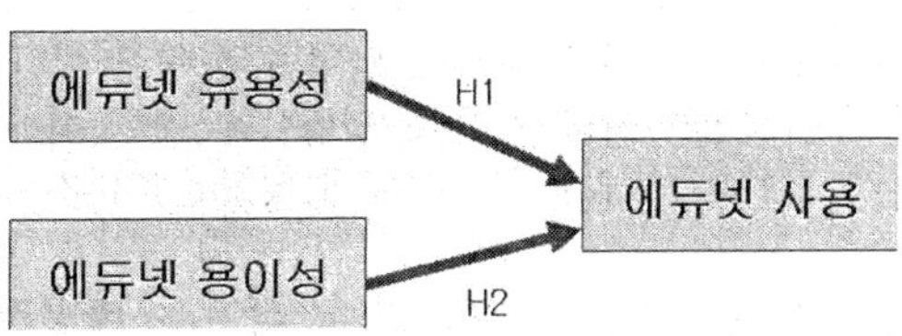

[그림 10-7] 9장의 회귀분석을 위한 가설적 모형

[그림 10-7]은 9장에서 살펴본 회귀분석을 통한 에듀넷 사용을 알아보기 위해 설정한 가설 모형이다. 이때 회귀분석의 결과에만 의존한다면, 독립변인(에듀넷 유용성, 에듀넷 용이성)과 종속변인(에듀

넷 사용) 사이의 1차적인 인과관계 정도만 분석할 수 있다. 10장 1절의 구조방정식의 개요에 따르면, 구조방정식은 회귀분석의 일차적 인과관계 규명의 한계를 극복하고 조사과정에서 나타나는 측정오차와 여러 변인들 간의 관계를 종합적이고 전체적으로 규명할 수 있다. 기술적으로는 요인분석과 회귀분석을 개선하여 결합한 사회현상을 이론적으로 분석 및 검증하기 위한 방법론인 것이다.

4.2 AMOS 활용 구조방정식 사례 활용 예시

연구자가 분석하고자하는 구조방정식을 최종적으로 AMOS를 이용하여 작성하면 [그림 10-8]과 같이 나타낼 수 있을 것이다. 이렇게 구조방정식 모형을 AMOS Graphic을 이용하여 입력하고, 예제 데이터를 실행하여 분석해 보자.

(1) 연구문제 설정

'에듀넷의 유용성과 용이성은 에듀넷 사용에 영향을 미칠 것이다.'라고 가설적 연구문제를 다음과 같은 세 가지 형태의 가설로 표현할 수 있다.

H1. 에듀넷의 유용성은 에듀넷 사용에 영향을 미칠 것이다.
H2. 에듀넷의 용이성은 에듀넷 사용에 영향을 미칠 것이다.
H3. 에듀넷의 용이성은 에듀넷 유용성에 영향을 미칠 것이다.

이러한 가설적 모형을 [그림 10-8]과 같이 구조방정식 모형으로 표현될 수 있다. '에듀넷의 유용성'은 내생 잠재변수로 분류되어 관측변수가 Y값으로 표기되어야 하지만, 회귀분석에서 사용했던 데이터와의 혼란을 방지하기 위해 X값으로 표기하였다.

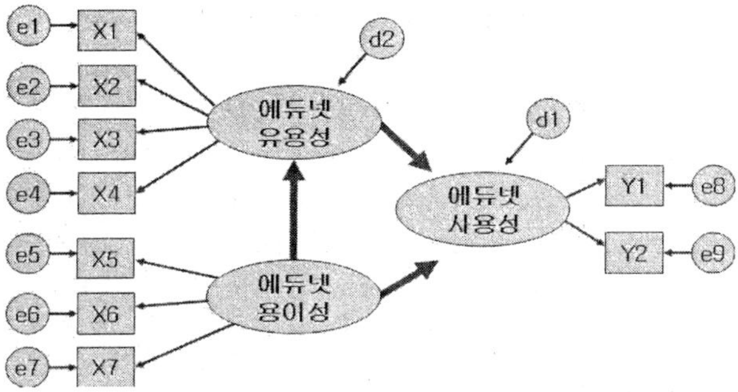

[그림 10-8] 에듀넷 사용성의 AMOS 모형

(2) 연구 데이터 수집

연구 데이터는 9장의 3절에서 사용한 <표 9-2>의 설문과 <표 9-3>의 응답된 가상적 결과를 조금 수정하여 활용하였다. <표 9-2>의 에듀넷 사용 요인 분석 설문지를 바탕으로 '에듀넷 사용 모델' 구축을 위한 측정변수의 구성을 재구성하면 <표 10-1>과 같이 나타낼 수 있다. <표 10-2>는 이를 바탕으로 수집된 데이터이다.

〈표 10-1〉 에듀넷 사용 모델 변수 설명

요인명	변수명	설명	측정문항 요지
에듀넷 유용성	X1	유용성 1	학생들을 빠르게 가르칠 수 있음
	X2	유용성 2	에듀넷을 수업에 활용하는 것은 유용함
	X3	유용성 3	에듀넷 수업 활용은 생산성 향상에 기여함
	X4	유용성 4	에듀넷 수업 활용은 가르치는데 효율적임
에듀넷 용이성	X5	용이성 1	에듀넷은 수업에서 사용하기 쉬움
	X6	용이성 2	에듀넷을 쉽게 다룸
	X7	용이성 3	에듀넷에 숙련되기 쉬움
에듀넷 사용	Y1	사용성 1	수업 활용을 위해 에듀넷을 자주 사용함
	Y2	사용성 2	평상시에 에듀넷을 자주 사용함

〈표 10-2〉 에듀넷 사용 요인 설문 결과 가상 자료

응답자	X1	X2	X3	X4	X5	X6	X7	Y1	Y2
1	4	4	4	4	4	4	4	4	4
2	5	4	4	5	5	4	4	5	5
3	5	4	5	5	5	5	5	5	5
4	4	3	3	4	3	2	3	3	3
5	5	5	4	5	4	4	4	3	3
6	4	3	3	4	3	4	4	4	4
7	4	4	4	4	3	3	3	3	3
8	4	4	4	4	4	3	3	5	4
9	4	4	4	4	4	4	4	4	4
10	5	5	5	5	5	5	5	5	5
11	4	5	5	5	3	3	3	5	3
12	4	4	4	4	2	2	2	2	5
13	4	3	3	4	5	5	4	4	4
14	4	4	4	4	4	4	4	5	4
15	4	5	4	5	3	4	4	5	5
16	5	5	5	5	5	5	5	5	5
17	2	2	3	3	3	2	2	3	3
18	5	4	4	4	4	4	4	2	5
19	5	4	5	5	4	5	5	4	4
20	4	4	4	4	4	4	4	3	3

(3) AMOS Graphic 실행

단계 1

AMOS Graphic 프로그램을 실행시키고, [그림 10-8]과 같은 연구모형을 [그림 10-9]와 같이 도구 모음 창의 아이콘을 활용하여 작성한다.

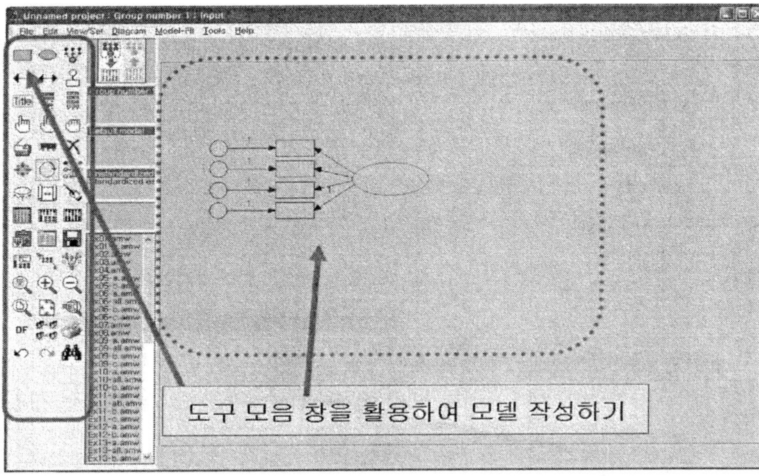

[그림 10-9] 도구 아이콘을 이용하여 모델 작성하기

단계 2

모델을 위한 틀이 작성되었다면, <표 10-2>가 입력된 SPSS 자료와 모델을 일치시키기 위한 연결작업을 해야 한다. 이를 위해 도구 모음창의 데이터 선택 아이콘(▦, Select data file[s])을 클릭한다. [Data Files]창에서 [File Name] 버튼을 클릭한다. [열기]창에서 입력된 SPSS 화일을 선택하고, [열기] 버튼을 클릭한다. 이렇게 하면 수집된 SPSS 자료와 모델을 연결할 수 있는 준비가 완료되었다. [그림 10-10]은 이러한 일련의 과정을 시각적으로 나타내고 있다.

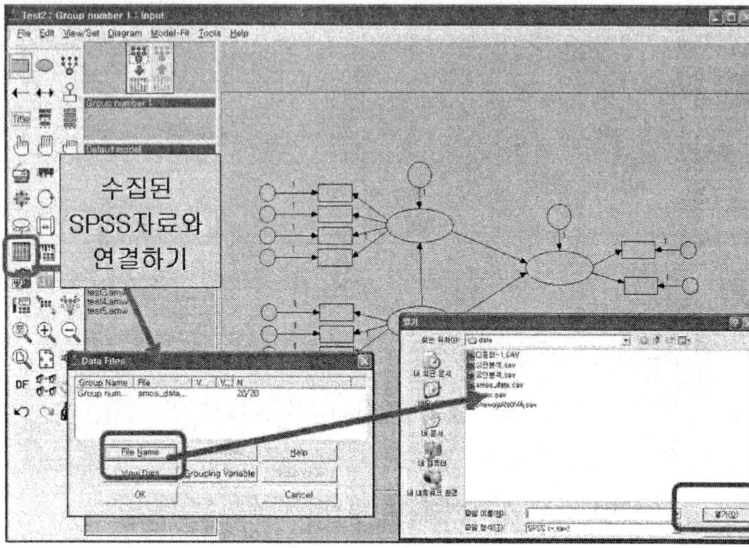

[그림 10-10] 수집된 SPSS 자료와 AMOS 모델 연결 설정하기

단계 3

모델을 위한 기본틀이 작성되었고 원시자료와의 연결이 되었다면, 모델 내부의 변수명을 작성한다.

이때 몇 가지 주의사항이 있는데 첫째, 관측변수의 변수명은 SPSS의 데이터 변수명과 반드시 일치해야 한다. 둘째, 관측변수에 대한 오차항의 경로는 '1'로 고정시킨다. 셋째, 잠재변수와 관측변수간의 경로계수 중 하나는 '1'로 고정하여 상대적 비교가 가능하게 한다. 넷째, 내생잠재변수의 오차항을 표시한다. 이를 순차적으로 살펴보자.

[그림 10-11]은 AMOS 모델을 완성하기 위해 여러 가지 변수들을 설정하는 것을 나타낸다.

① 도구 모음창의 데이터 선택 아이콘(▦, List Variables in data set)을 선택한다. [Variable...] 창의 관측변수들을 드래그 앤 드롭

(Drag & Drop)으로 모델내의 적정한 위치로 옮긴다.

② 내생변수, 오차항, 잔차 등의 항목은 해당 도형을 더블클릭했을 때 나타나는 [Object Properties] 창 내부의 [variable name] 내생 잠재변수 명을 입력한다. 같은 방법으로 오차와 잔차에 이름을 부여한다.

③ 도구 모음창의 타이틀 출력 아이콘(Title)을 이용한다면 주요 통계량을 쉽게 나타낼 수 있다. 도구 모음창의 타이틀 출력 아이콘을 누르면, [Figure Caption] 창이 나타난다. [Caption] 항목에 원하는 통계적 지표를 입력하면 된다. 예를 들어 GFI 값을 나타내고 싶다면, "GFI=\GFI" 형식으로 입력하면 된다.

④ 주의사항에서 언급한 경로를 '1'로 고정시키는 것을 나타낸다.

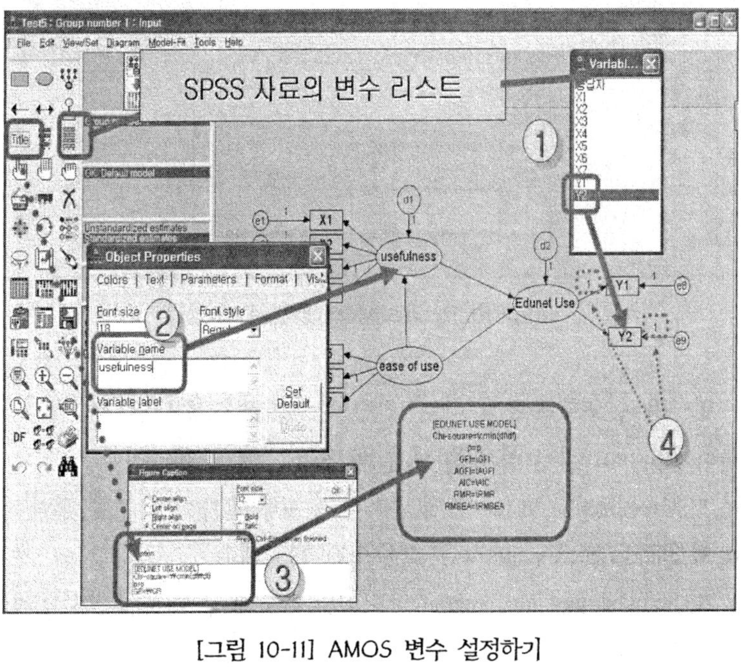

[그림 10-11] AMOS 변수 설정하기

단계 4

분석수행을 위한 실행속성을 설정한다. 도구 모음창의 실행속성 아이콘(▦, Analysis properties)을 클릭하면 [그림 10-12]에서와 같은 [Analysis Properties] 창을 볼 수 있다.

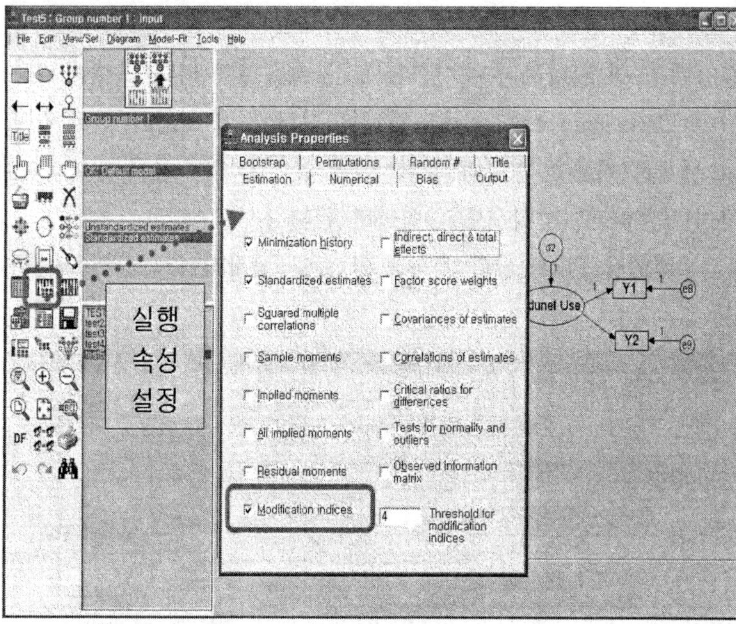

[그림 10-12] AMOS 실행 속성 설정

연구자의 연구관점에 따라 적정한 지표값을 선택할 수 있다. 다음은 [Output] 하단에 나온 내용에 대한 간략한 설명이다.

- ▣ Minimization history - 불일치하는 정도에 대한 과정을 요약함
- ▣ Standardized estimates - 표준화된 회귀계수
- ▣ Squared multiple correlation - 외생변수에 의해 내생변수가 설명되는 부분
- ▣ Sample moments - 표본평균

▣ Implied moments - 공분산, 평균(측정변수)

▣ All implied moments - 공분선, 평균(모든 변수)

▣ Residual implied moments - 잔차(표본공분산과 공분산의 차이)

▣ Modification indices - 모형 적합도 개선을 위한 수정 지수

▣ Indirect, direct & total effects - 간접효과, 직접효과, & 총효과

▣ Factor score weights - 요인점수

▣ covariance of estimates - 공분산

▣ critical ratio for difference - t 통계량

▣ Test for normality and outliers - 정규성 및 이상치 검사

▣ Observed information matrix - 측정항목의 행렬

단계 5

도구 모음창의 실행아이콘(, Calculate estimates)을 클릭하면 분석을 실행한다. 분석된 결과는 두 가지 형태로 볼 수 있다. 실행 후 버턴을 누르면, [그림 10-13]과 같은 결과를 모형과 함께 결과 수치를 살펴볼 수 있다. 다른 형태는 도구모음창의 결과출력아이콘(, View Text)을 클릭하면 [그림 10-14]와 같은 [Amos Output] 창을 살펴볼 수 있다.

일반적으로 AGFI-0.9 이상, CFI-0.9 이상, GFI-0.9 이상, RMR-0.05 이하, RMSEA 0.05 이하 등의 여러 가지 모형이 적합한지 판단이 되는 기준이 있다. 연구자는 이러한 기준을 바탕으로 자신의 모형을 수정 지수에 의해 조정하고, 최종적인 모형을 선택하게 된다.

최종적 모형이 선택되고 나면 최초의 연구가설을 검증하여 연구결과를 보고한다.

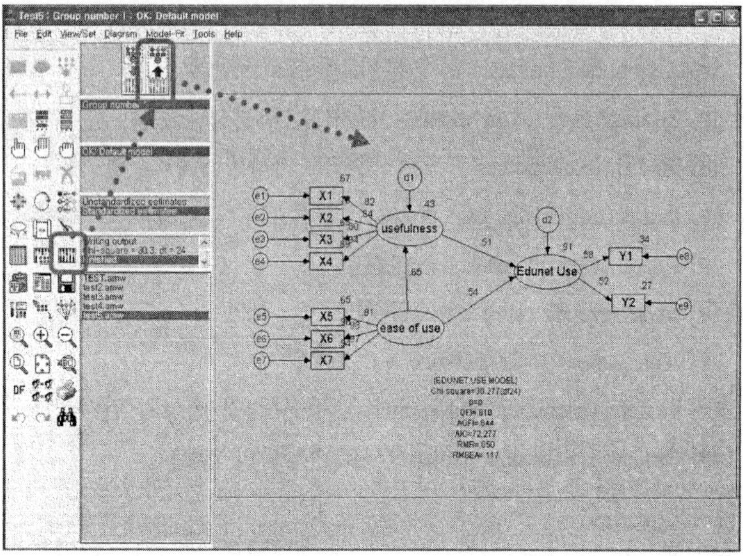

[그림 10-13] AMOS 실행 결과창 유형1

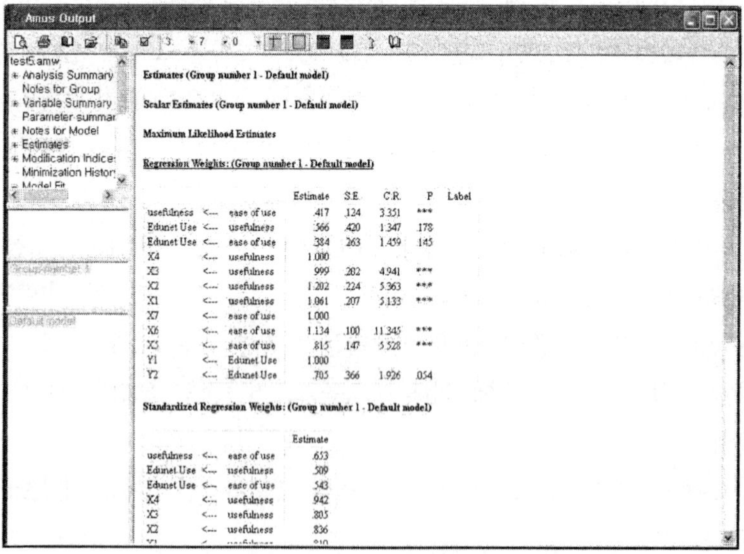

[그림 10-14] AMOS 실행 결과창 유형2

모형 적합도 지수에 대해 간략히 정리하면 다음과 같다.

모형의 적합도 지수는 구조방정식 모형이 얼마나 가정에 적합한지 알아보는 절차이다. 일반적으로 절대적합지수(Absolute Fit Measures), 증분적합지수(Incremental Fit Measures), 간명적합지수(Parsimonious Fit Measures) 등을 이용한다.

첫째, 절대적합지수란 모델 전반적으로 부합도를 평가하는 지수이다. χ^2, GFI(Goodness of Fit Index), AGFI(Adjusted GFI), RMSR (Toot Mean-Square Residual)이 대표적인 값이다.

둘째, 증분적합지수란 연구자가 최초로 제안한 모형과 연구모형을 수정한 모형 사이의 비교를 통해 개선 정도를 파악하는 지수이다. NNFI(Non-Normed Fit Index), NFI(Normed Fit Index)가 대표적인 값이다.

셋째, 간명적합지수란 연구 모형이 가장 최적의 상황에 도달하기 위한 모수 수를 추정하여 모델의 간명성(parsimony)을 지수로 표현한다. AIC(Akaike Information Criteria), PGFI(Parsimonious Goodness-of-Fit Index), PNFI(Parsimonious Normed-of-Fit Index)가 대표적인 값이다. 권고 지수는 연구 문제나 학자에 따라 여러 의견이 나타나고 있다. <표 10-3>의 권고 지수는 국내 연구 사례에서 권고되는 지수의 수치를 저자가 간략히 정리한 것이다.

예를 통해 살펴본 에듀넷 사용에 관한 모델에서는 모형적합도 지수가 <표 10-3>의 예제모형과 같은 결과가 나타났다. 예제는 가상의 자료이며 20개의 데이터만을 활용하였으므로 그대로 받아들이기는 어렵지만 모형 적합도를 바탕으로 여러 가지 측면의 해석을 내릴 수 있다. 그리고 최초에 설정한 가설은 <표 10-4>와 같은 결과로부터 용이성이 유용성에 미치는 영향만이 통계적으로 유의하다는 결론과 영향력의 정도를 파악할 수 있다.

〈표 10-3〉 모형적합도의 권고지수

지수명	χ^2	p	GFI	AGF	RMR	NFI	RMSEA	CFI	PGFI
권고지수	≧.05	≧.05	≧.08	≧.08	≦.05	≧.09	≧.08	≧.09	≧.06
예제모형	30.277	.176	.810	.644	.050	.820	.117	.953	.432

〈표 10-4〉 모형적합도의 권고지수

	경로계산	표준오차	CR	P	검증	비고
유용성 → 사용	.509	.420	1.347	.178	기각	
용이성 → 사용	.543	.263	1.459	.145	기각	
용이성 → 유용성	.633	.417	3.351	.000	채택	

제11장 질적연구를 위한 분석 도구: NVivo 활용

1. 질적연구와 분석 도구
2. 질적연구 분석 도구 NVivo 8 활용하기

교육연구의 많은 연구들은 인문사회학의 부류에 속하면서도 과학적 연구방법을 활용하고 있다. 대표적으로 실험연구, 가설검증 등은 과학적 연구방법을 사회과학에 적용한 것이다. 우리가 살펴볼 수 있는 많은 연구들은 사회과학적 연구방법에 기반한 통계기법을 활용한 양적연구들이다. 그리고 많은 학위논문들이 양적연구를 기반으로 작성되고 있다.

최근에는 많은 연구자들이 질적 연구방법에 새로운 관심을 가지고 있다. 양적연구와 다른 쪽에 관심을 갖는 연구자들은 '실제적인 문제는 무엇인가', '정말 그러한가' 등의 근본적인 문제에 의문을 가졌다. 이러한 문제를 해결하기 위해서는 양적연구에서 흔히 실행하는 실험이나 인과분석의 통계적 결과들이 '실제적인 문제'를 해결하지는 못한다고 생각하였다. 관점에 따라서는 연구자의 주관이나 해석이 보다 중요하게 된 것이다. 질적연구 방법은 대안적 연구방법으로 인식되고 대상을 보다 심도 깊게 이해하는 목적으로 실시되고 있다.

연구자의 관심에 따라 양적연구와 질적연구를 통합하여 연구문제를 규명하려는 노력도 이뤄지고 있다. 이러한 근본적인 원인은 양적방법이 객관적인 결과만 강조한다면 질적방법은 보다 깊이 있는 이해를 더해 주기 때문이다.

본 장에서는 질적연구를 도와줄 수 있는 연구도구를 탐색해 보고, 실제 도구를 활용하는 방법을 익혀 활용할 수 있게 하는데 목적을 두었다. 질적 연구방법에 대한 충분한 이해가 있다면 질적연구 도구들은 연구자의 시간과 노력을 과학적으로 줄여주고 체계적으로 관리해 주는 역할을 한다. 이전 장에서 살펴본 질적연구에 대한 이해를 가정하고 기술하였다. 이번 장에서는 질적연구의 자료 특성을 살펴보고, 이를 관리 분석하기 위한 도구 NVivo 8의 활용사례를 소개하고자 한다.

1 질적연구와 분석 도구

1.1 질적연구의 자료 유형

질적연구 문제에 따라 어떠한 자료를 수집할 것인지 결정될 수 있다. 예를 들어 연구대상자에게 물어본 결과를 메모하여 정리한 후 결과를 보고하거나, 핵심 그룹 사람들에게 구조화된 질문과 비구조화된 질문을 한 후 정리할 수도 있을 것이다. 경우에 따라서는 연구대상자가 있는 곳에서 실제로 체험한 경험을 기술할 수도 있다. 문제는 관찰기록, 면접, 체험, 자료분석, 시청각 매체 분석 등의 여러 형태들이 연구자의 관점에서 기록되고 관리되어야 한다는 점이다. 체계적으로 기록되고 관리된 정보들은 연구자의 연구과정에서 새로운 발견이나 이론 혹은 연구보고로 이어질 수 있고 객관성과 타당성을 극복할 수 있는 수단이 될 수도 있다. 만약 체계적으로 관리되지 않는다면 같은 연구자의 관점이라도 부족한 데이터에 근거한 결과를 도출할 수도 있는 것이다. 관리를 위한 질적연구 자료의 유형화는 보다 체계적인 관리에 도움을 줄 수 있다.

일반적으로 질적연구에서 자료유형은 자료수집 방식을 이해함으로써 알 수 있다. 자료수집 방식은 면접, 관찰, 문서, 자료의 네 가지 유형으로 구분할 수 있다(Creswell, 1994). 자료수집 방식에 따라 정리될 수 있는 자료의 유형과 자료분석을 위한 데이터 추출 유형은 <표 11-1>과 같이 정리할 수 있다.

첫째, 자료수집 방식을 면접으로 할 경우 수집될 수 있는 자료 유형은 텍스트 기반자료, 변환된 텍스트 자료, 녹음 및 촬영 자료를 들 수 있다. 이 모든 자료들은 텍스트 기반 자료와 변환된 텍스트 자료로 정리될 수 있으며, 질적연구 방법의 절차에 따라 코딩과 의미 해석을 위한 탐색과정을 거쳐 재분류되고 분석 정리된다.

〈표 11-1〉 질적연구 자료수집 방식과 분석을 위한 자료추출 유형

<table>
<tr><th>수집
방식</th><th>자료유형</th><th>자료추출 유형</th><th>자료분석 방법</th></tr>
<tr><td>면접</td><td>연구자 메모(예: 면접기록지, 참고 요약자료 등)
인터뷰 녹음자료(음성)
인터뷰 촬영자료(동영상)</td><td>텍스트 기반 자료
· 연구자 메모자료
· 연구자 연구일지
변환된 텍스트 자료
· 인터뷰 전사자료
원본 미디어 자료
· 녹음 및 촬영 원시자료</td><td rowspan="4">코딩 자료
분류

코딩 자료 구성
의미 탐색

다차원적 검색

원시자료 및 미디어 자료 연결을 통한 연구자의 아이디어 확인</td></tr>
<tr><td>관찰</td><td>관찰자 현장노트
참여자 보고 사항
인터뷰 녹음자료
인터뷰 촬영자료</td><td>텍스트 기반 자료
· 현장노트 자료
· 참여자 보고 사항
변환된 텍스트 자료
· 인터뷰 전사자료
· 보고 기록 자료
원본 미디어 자료
· 녹음 및 촬영 원시자료</td></tr>
<tr><td>문서</td><td>관련 서류
공식적 문서
(메모, 기록물)
자서전 전기 등의 문서류 등</td><td>텍스트 기반 자료
· 관련서류, 문서 등
변환된 텍스트 자료
· 연구자 요약 및 메모자료 등</td></tr>
<tr><td>기타
자료</td><td>물리적 자료
녹화 자료
사진
소리
전자우편 및 전자메시지 등</td><td>텍스트 기반 자료
· 연구자 메모자료(사진, 실물 등에 대한 연구자 관점의 기록물)
변환된 텍스트 자료
· 전자우편 및 전자메시지
원본 미디어 자료
· 사진, 소리, 녹화 등 원시자료</td></tr>
</table>

둘째, 관찰의 경우도 텍스트 기반 자료, 변환된 텍스트 자료, 미디어 자료로 분류할 수 있다. 면접과는 달리 연구자가 현장에 체험

자로 참여한 경우와 관찰한 경우 등의 상황에 따른 현장 노트 기록물을 자료로 활용할 수 있다. 참여자들이 보고한 사항이나 관찰한 후 보고되는 사후보고(인터뷰) 자료 등은 텍스트와 변환된 텍스트로 정리할 수 있다.

셋째, 문서자료는 관련 서류, 공식적 문서, 자서전 및 전기 등과 같은 비공식적 문서 등에서 추출한 텍스트 기반 자료와 변환된 텍스트 자료로 정리될 수 있다.

넷째, 자료는 물리적 자료, 녹화자료, 사진, 소리, 전자우편 및 전자문서 등을 포함한다. 이러한 자료들은 연구자가 정리한 텍스트 기반자료, 변환된 텍스트 자료, 원본 미디어에 대해 정리한 텍스트 자료, 원본자료 링크 형태로 정리할 수 있다.

여러 가지 다양한 자료유형들은 2차, 3차 정리되는 과정에서 텍스트와 변환된 텍스트 자료로 정리될 수 있다. 연구자는 다양한 질적연구 방법 중 자신의 목적에 맞는 방식을, 여러 자료들을 분류할 수 있는 코드화(코딩작업)를 한 후 전반적 의미를 탐색할 수 있다.

Miles와 Huberman(1994)은 질적 데이터 분석이라는 책을 통해 이러한 자료들을 분석하고 시각화하는 방식을 제안하고 있다. 연구주제에 따른 분석결과를 역할과 속성의 매트릭스로 표현하거나, 차트, 지도, 개념적 인과관계도 등의 형태로 표현하고 있는 예들을 살펴볼 수 있다. 그들이 연구 유형에 다른 도식화 도표화를 통한 분석 도구를 강조하였다면, 최근에는 컴퓨터를 활용한 질적연구 분석 도구들이 등장하고 있다. 이들 도구들은 코딩의 자동화, 검색기능의 강화, 데이터 관리의 강화, 시각화 기능강화 등이 특징이다. 이제까지의 연구자들이 많은 시간을 소요하였던 부분의 부담을 덜어주는 방식이라고 하겠다.

1.2 컴퓨터를 활용한 질적연구 분석 도구

CAQDAS(Computer Assisted Qualitative Data Analysis System)란 컴퓨터를 활용한 질적 분석 도구를 말한다. CAQDAS의 활용 배경에는 최근 연구에서 양적인 결과뿐만 아니라 연구의 질적 과정과 그 결과 분석이 중요하게 된데서 찾을 수 있다.

Miles와 Weitzman은 질적연구를 도울 수 있는 CAQDAS에 대한 광범위한 조사를 수행하였다(Miles & Huberman, 1994). 이때 AQUD, askSam, ATLAS/ti, Folio Views, HyperRESEARCH, Inspiration, Kwalitan, MECA, Meta Design, NUDIST, QCA, QUALPRO, SemNet, Sonar Professional, The Ethnograph, Te Text Collector, ZyIndex 등의 소프트웨어들을 대상으로 버전, 운영체제, 코딩방식, 탐색 방식, 데이터베이스 방식, 메모방식, 데이터 링크방식, 매트릭스 표현, 네트워크 표현, 이론 설계, 사용편의성의 관점에서 비교분석하였다.

최근에 많이 사용하고 있는 ATLAS/ti 5, HyperResearch 2.6, MAXqda, The Ethnograph 5.08, QSR N6와 NVivo의 소프트웨어를 대상으로 입력유형, 코딩방식, 검색, 메모, 자료검색, 변수 및 속성관리, 맵작성, 양적분석과의 통합, 양적자료 출력하기, 팀연구 지원여부, 컴퓨터 사양, 가격, 고객지원, 지원언어 등으로 비교 분석하여 자신의 처지에 맞는 소프트웨어의 선택 정보를 제시하고 있다(박종원, 2005).

연구자는 이러한 비교를 통해서 질적자료 분석을 위해 중요한 준거인 입력유형, 코딩방식, 메모, 자료검색, 속성관리 등의 특징을 정리할 수 있을 것이다.

컴퓨터를 활용한 질적분석 방식을 사용하는 이유에 대해 연구자들의 관점을 정리한 자료(Park, 2004; 허균, 2006b)를 바탕으로 재정리하면 다음과 같다.

(1) 방대한 자료의 체계적 관리

질적연구의 특성상 많은 내용을 기록하고 녹취하는 등 상당히 많은 자료를 다룬다. 컴퓨터를 활용하면 방대한 자료를 체계적으로 관리할 수 있다. 자료의 표준화 작업과 함께 다양한 변인의 질서를 부여할 수 있게 된다.

(2) 코드 기반 자료로 재구조화

방대한 자료는 체계적 방식으로 관리된다고 하였는데 그 기반은 코딩이다. 코딩은 연구가 설정한 분석의 최소단위를 말한다. 이론적 근거가 충분하다면 이를 통해서 분석단위를 설정할 수도 있고 연구자가 통찰에 의해 가상적으로 설정할 수도 있다. 컴퓨터를 활용하면 코드기반의 자료로 재구조화함으로써 표준화된 데이터로 만들어 준다.

(3) 다양한 형태의 자료검색과 분석

컴퓨터를 활용하면 많은 데이터의 체계적 저장뿐만 아니라 필요에 따라 검색할 수 있는 분석기능을 제공한다. 연구자가 원하는 관점에 따라 자료를 찾고 여러 관점에 따라 비교하는 것들은 질적연구 과정에서 중요한 절차가 된다. NVivo와 컴퓨터 소프트웨어 도구는 이를 보조해 주는 역할을 한다.

(4) 분석도구들 간의 소통

질적 데이터의 코드화와 체계화는 다른 분석도구 예를 들면 SPSS, AMOS 등과 같은 양적분석 도구와의 자료 간 소통을 가능하게 해 준다. 이것은 연구자의 연구 시야를 아주 넓게 만들어 준다. 질적연구를 하더라도 설문조사 등의 양적으로 처리하는 부분과 자신이 분석한 질적연구 자료와 결합하여 새로운 결과를 이끌어 낼 수도 있다.

(5) 프로젝트 팀의 협업 가능

연구의 규모가 커질수록 연구자 혼자서 모든 것을 진행할 수는 없다. 팀을 이뤄 연구를 하기도 특정 부분만 협조를 구하기도 한다. 컴퓨터 보조도구를 활용하여 팀별 협업이 가능하게 하고 있다.

2 질적연구 분석 도구 NVivo 활용하기

2.1 NVivo 소개

NVivo 8은 QSR International 사에서 제작한 질적분석을 위한 소프트웨어 중 하나이다. 질적인 자료를 코딩을 통해 의미를 구조화하는데 유용하며, 코딩된 자료들은 데이터베이스로 정렬되며 빈도와 백분률 등의 양적자료로 나타난다. 여러 변인들 간의 교차비교 분석이 가능하며 SPSS의 통계 패키지와 연동을 통하여 질적 데이터

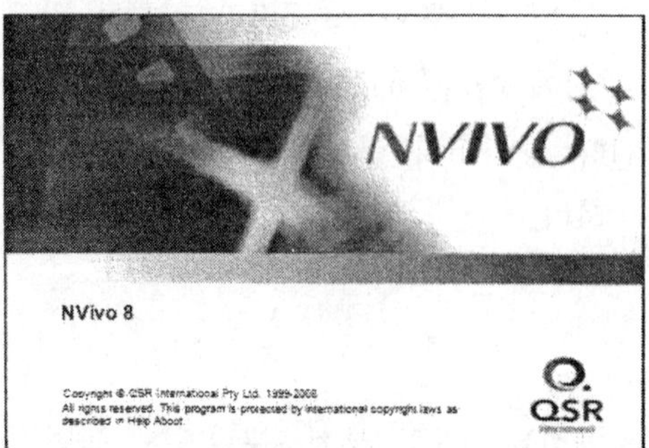

[그림 11-1] NVivo 8

의 양적분석도 가능하게 한다는 장점이 있다.

NVivo 8은 http://qsrinternation.com 에서 평가판을 무료로 다운받을 수 있다. 본 절에서는 논문에 활용하기 위한 간략한 사용법에 대해서만 소개하겠다.

2.2 NVivo의 기본 기능

앞 장에서 다루었던 SPSS나 AMOS처럼 NVivo도 간단한 기능을 익혀 연구방법의 폭을 넓힌다면 연구문제를 실증적 데이터를 바탕으로 보다 구체화하는데 도움을 줄 것이다.

NVivo 기능은 다양하게 있지만 크게 자료의 입력, 코드화하기, 검색하기의 세 가지 기능으로 구분할 수 있다. 따라서 많은 기능들 중 기초가 되는 세 가지 기능을 간략히 소개하겠다. 기본적인 메뉴, [프로젝트 만들기], [코딩하기], [검색하기]를 중심으로 살펴보자.

(1) 새 프로젝트 만들기

내가 수행하는 연구를 하나의 프로젝트로 만드는 작업이다. '새 프로젝트 만들기'를 통해 연구주제에 부합되는 이름을 입력하고 저장하면 자동적으로 생성해 준다.

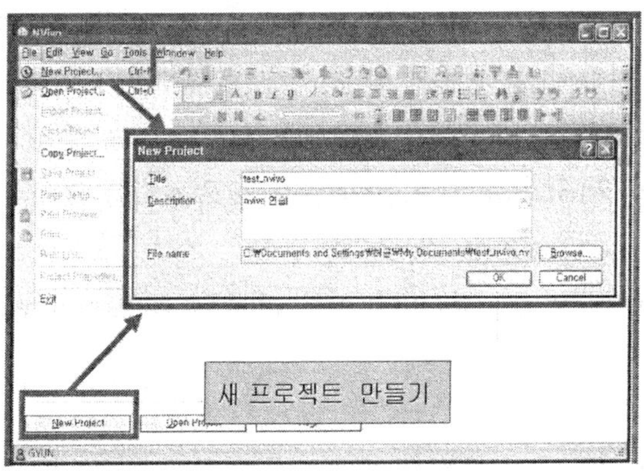

[그림 11-2] NVivo 8 프로젝트 만들기

[File-New Project] 또는 하단 부분의 [New Project]를 클릭한 후 대화창이 나타나면 해당 프로젝트 이름과 간략한 설명을 적은

후 클릭한다. 이미 작업하던 프로젝트가 있다면 [Open Project]를 활용하여 열면 된다. [그림 11-2]는 이 과정을 그림으로 나타내고 있다.

(2) 기본 화면 구성

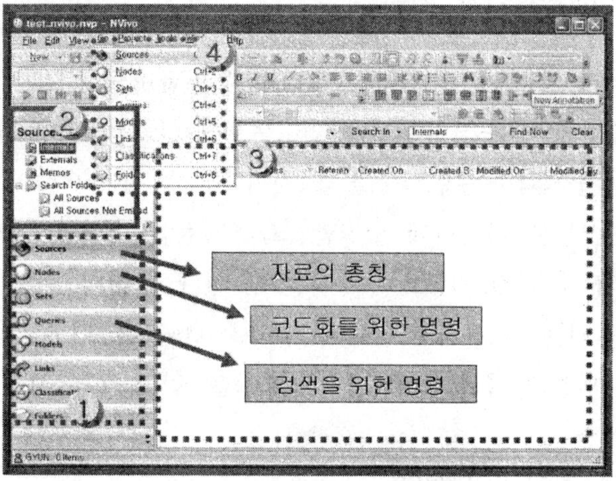

[그림 11-3] 프로젝트 생성 후 화면

[그림 11-3]은 프로젝트가 실행된 후 화면을 준비화면을 나타낸다. [그림 11-3]의 ① 부분은 프로젝트 컴포넌트를 나타낸 것이다. [그림 11-3]에서 ①의 하나를 선택하면 ②와 ③부분이 동시에 동기화가 된다. 세부적인 내용을 나타내는 부분이다. ①은 메뉴상의 ④와 같이 [Go]의 하단 메뉴와 일치하는 것을 알 수 있다.

프로젝트 컴포넌트 구성은 소스, 노드, 세트, 쿼리, 모델, 링크, 분류, 폴더로 되어 있다. 간략히 설명하면 다음과 같다.

〈표 11-2〉 프로젝트 컴포넌트의 구성

	소스(Sources)는 연구나 프로젝트에서 사용하는 자료의 총칭이다. 간단한 텍스트에서부터 비디오까지의 모든 정보가 포함된다.
	노드(Nodes)는 자료 정리와 분석을 위해 코드화한 것을 나타낸다. 노드에는 free node, tree node, case, relation ship, matrices로 분류하고 있다.
	세트(Sets)는 형식이 다른 프로젝트나 아이템 등을 그룹화 한 것이다.
	쿼리(Queries)는 문서를 찾거나 패턴을 발견하기 위해 실행하는 도구이다.
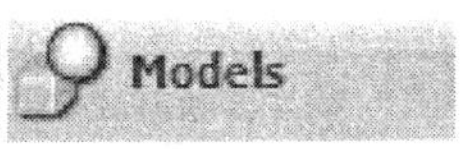	모델(Models)은 프로젝트 수행 초기에 노드, 세트 등의 관계를 모델로 표현할 수 있는 도구이다.
	링크(Links)는 원 소스 자료에 링크를 활용하여 간단한 메모나 정보를 추가할 수 있다.
	분류(Classification)는 성별, 연령 등의 속성에 따라 분류해 주는 기능이다. 연구자가 설정한 관계에 따라 분류가 가능하다.

(3) 여러 유형의 자료 입력

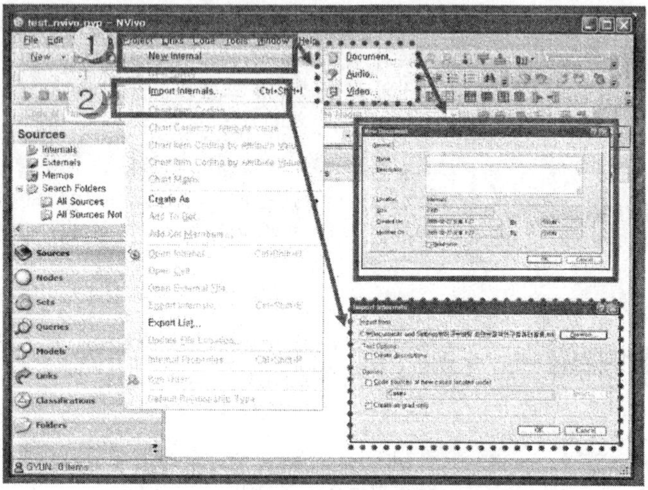

[그림 11-4] 여러 자료형태의 입력 과정

여러 유형의 자료를 NVivo를 활용하여 입력할 수 있다. 8.0 이후 버전부터는 텍스트, 오디오, 비디오, 그림 등을 직접적으로 다룰 수 있게 해 준다. 자료의 입력은 두 가지 유형이 있을 수 있다. 기존의 있던 자료를 불러오거나, 새롭게 원자료부터 NVivo에서 만드는 것이다. [그림 11-4]의 ①의 경우 원자료부터 NVivo에서 만드는 절차를 나타낸다. 좌측 메뉴의 소스(Sources)를 선택하고, 상단 메뉴에서 [Project]-[New Internal]을 선택하면 문서, 오디오, 비디오의 세 가지 자료 형태가 나타난다. 이 중 필요한 유형을 클릭하면 된다. 그림에서는 문서를 선택한 예가 나타나고 있다.

기존에 있는 외부자료를 불러오기 위해서는 [그림 11-4]의 ②에서와 같이 [Project]-[Import Internal]을 선택하면, 해당 자료의 위치를 설정한 후 확인을 클릭하면 자료를 불러올 수 있다.

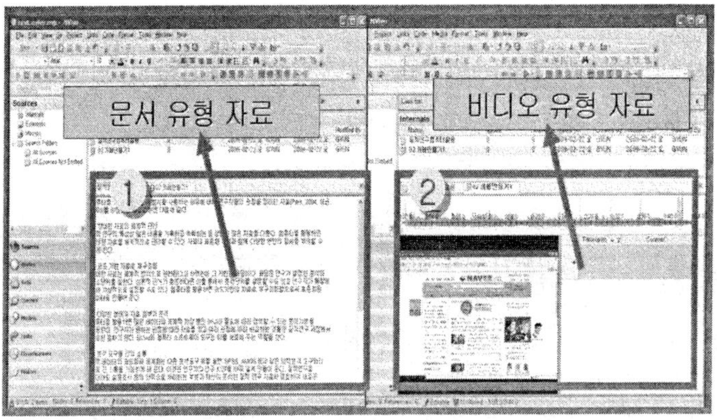

[그림 11-5] 여러 유형의 자료 입력 후 결과 화면

[그림 11-5]는 직접 자료를 입력하거나 기존의 자료를 가져왔을 때 자료의 유형에 따라 사용자가 볼 수 있는 화면이다. [그림 11-5]의 ①은 문서 유형의 자료를 나타내고 ②는 비디오 유형의 자료를 나다낸다. 다양한 자료의 유형을 만들거나 입력할 수 있다면 연구를 위한 가장 기초 작업에 데이터 입력부분을 마친 것이다.

(4) 코딩하기

코딩을 한다는 것은 원자료(raw data)에 질서를 부여하는 것이다. 질서를 부여하기 위해서는 선행연구에 의해 도출되어진 코드체계를 바탕으로 연구를 진행하는 상향식(top-down) 접근법과 근거이론(ground theory)과 같이 연구자가 코드체계를 자유롭게 부여한 후 하나의 체계를 이루어가는 하향식(bottom-up) 접근법을 취할 수 있다. 아주 많은 원자료들은 코딩과정에 의해 체계를 가진 데이터로 변환된다.

NVivo에서는 문서, 그림, 오디오, 비디오 등 다양한 자료에 코드를 부여할 수 있다. 이를 단계별로 알아보자.

1단계

자료의 유형에 따라 원자료를 NVivo에 등록시킨다. [그림 11-6]은 NVivo에 등록된 문서유형의 원자료를 나타낸다.

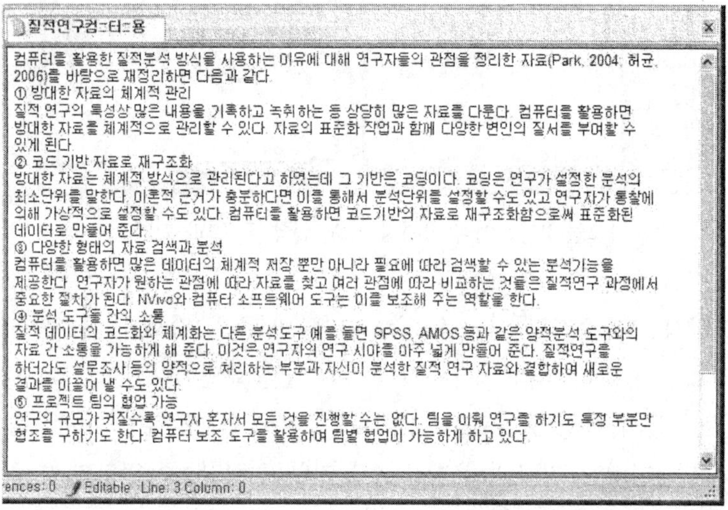

[그림 11-6] NVivo에 등록된 문서 유형의 원자료(Raw Data)

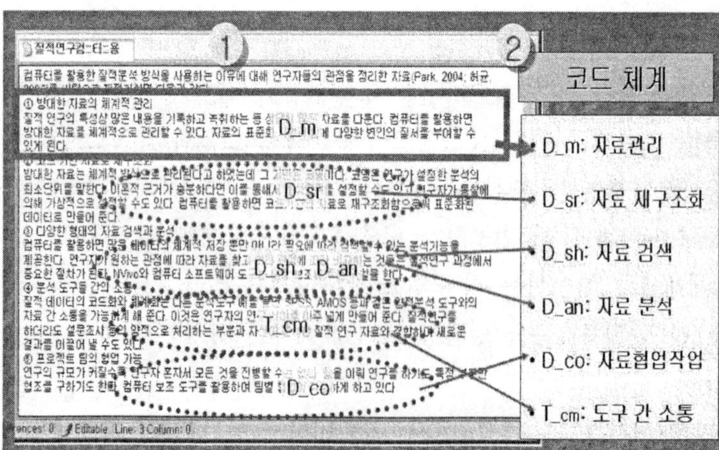

[그림 11-7] 원자료에 코드 부여에 대한 계획 개념도

2단계

원자료를 어떻게 코드화 할 것인지 코드체계를 결정한다. 상향식 접근법과 하향식 접근법이 있을 수 있다. 연구자의 연구방향에 따라 달라질 수 있으나 일반적으로 자유롭게 코드를 만들어가는 기법과 선행연구로부터 도출된 코드체계로부터 코드를 부여하는 기법이 있을 수 있다. [그림 11-7]은 가상적인 코드체계를 미리 제작한 후 문서에 코드를 부여하는 방식의 예를 나타낸다.

3단계

NVivo내에서 노드생성 단계이다. 2단계에서 [그림 11-7]과 같은 코드체계를 구축하였다. 이를 바탕으로 [그림 11-8]과 같이 코딩생성을 위한 노드들을 만들 수 있다. [그림 11-8]의 ①은 메뉴 선택 절차를 나타낸다. [Project]-[New Tree Node..]를 선택하면, [그림 11-8]의 ②는 노드생성 창이 나타난다. [그림 11-8]의 ③은 생성된 노드들의 목록을 나타낸다.

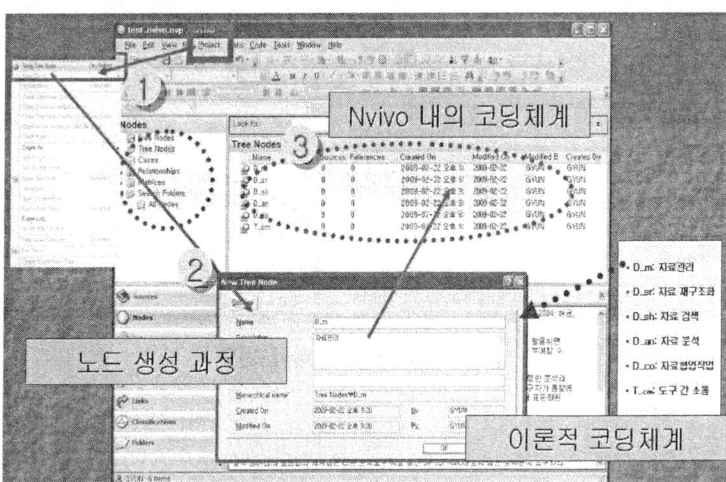

[그림 11-8] 노드(Node) 생성을 통한 코딩체계 구성

4단계

생성된 노드를 기반으로 원자료에 코드를 부여하는 단계이다. [그림 11-9]는 코딩하는 과정을 나타낸다. [그림 11-9]의 ①과 같이 문서 내의 특정 영역을 선택한 후 마우스 오른쪽 버튼을 눌러 [Code Selection]-[At Existing Nodes]를 선택하면, [그림 11-9]의 ②와 같은 코드선택 창이 나타난다. 이 중 특정 노드를 선택한 후 클릭하게 되면 코드가 부여된다. 부여된 코드들은 [View]-[Coding Stripes]를 선택하면 화면상에서 여러 형태로 볼 수 있게 된다.

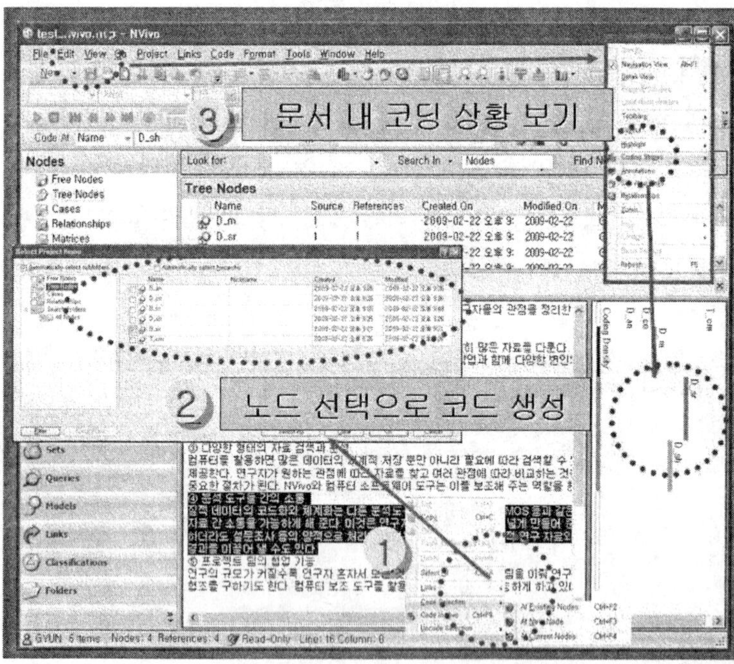

[그림 11-9] 코딩하기 과정

(5) 자료검색하기

코딩이 원자료에 질서를 부여하는 것이라면, 검색은 연구자의 연구목적에 맞게 데이터를 재정렬하고 검색하여 분석하는 활동을 나타낸다. 자료가 많아지면 많아질수록 자료검색 기능은 논문의 목적을 달성하는데 큰 도움을 줄 것이다. 여기서는 가장 기본이 되는 Matrix Coding Query 기능을 소개하였다.

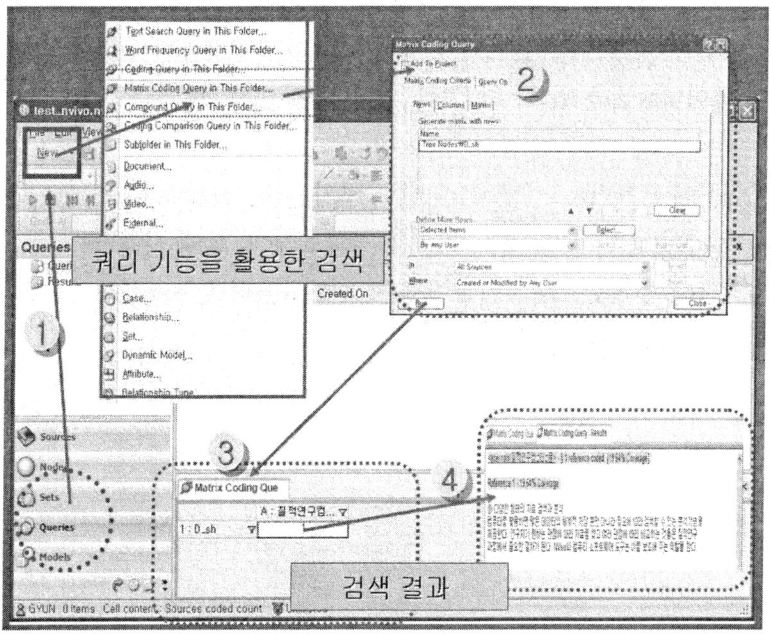

[그림 11-10] NVivo를 활용한 자료검색 과정

[그림 11-10]은 자료 검색과정 화면을 나타내고 있다.

[그림 11-10]의 ①은 자료검색을 위해 좌측의 [Queries] 메뉴를 클릭한 후 상단의 [New] 메뉴를 클릭한 결과 여러 가지 검색 기능을 가진 풀다운 메뉴가 나타난다. 이 중 [Matrix Coding Query in

This Folder..]라는 메뉴를 클릭한다.

[그림 11-10]의 ②와 같은 창이 나타나면 행과 열의 속성값을 지정해 주면 된다. 본 예제에서는 자료가 간단하여 행과 열에 '질적연구..' 사례 문서와 'D_sh'의 노드 값을 속성으로 주었다. 그 결과 [그림 11-10]의 ③과 같은 결과화면이 나타난다. 이 결과의 의미는 지정한 사례문서에 D_sh 코드값이 1개 있다는 것을 나타낸다. 숫자 1을 클릭하면 [그림 11-10]의 ④와 같이 구체적인 정보 즉 D_sh 코드값으로 나타낸 원자료를 보여준다.

연구자는 관심 갖는 변인에 대해 Matrix 속성값을 이용하여 방대한 데이터로부터 원하는 정보를 검색할 수 있게 해 준다.

이상에서 NVivo 기능 중 가장 기초가 되는 자료의 입력, 코드화하기, 검색하기의 세 가지 기능을 살펴보았다. 보다 자세한 기능을 알고자하는 연구자는 NVivo에서 제공하는 온라인 도움말과 튜토리얼을 참고하기 바란다.

제12장 문헌 관리 도구: EndNote 활용

1. 문헌 관리 도구 특징
2. EndNote 기능 익히기
3. 논문작성에서 활용하기

정보통신 기술의 발달은 연구자에게 많은 변화를 가져왔다. 그 변화 중 하나는 다른 사람이 저작한 논문이나 자료를 손쉽게 찾아 볼 수 있다는 것이다. 문헌연구 부분에서 이미 다뤘지만 여러분들은 대학 도서관 서비스나 국회도서관, 검색 DB 등을 통해서 국내 및 해외의 학위논문은 물론 학술지, 출판물 등을 인터넷을 통해 검색할 수 있고 원문을 볼 수도 있게 되었다.

많은 정보 속에 논문을 작성하는 연구자가 겪는 가장 큰 문제는 여러분이 읽은 논문을 어떻게 잘 정리하고 논문을 작성할 때 필요한 자료를 어떻게 가져올 수 있는가 하는 것이다. 정보의 홍수 속에 참고한 여러 논문들을 체계적으로 관리하는 도구가 선택이 아닌 필수가 된 것이다.

이번 장에서는 연구자의 문헌을 체계적으로 관리해 주는 도구인 End Note에 대한 간략히 소개하고, 사용법을 익히며 국내에서 논문 작성 때 유용한 활용팁을 소개하고자 한다.

1 문헌 관리 도구 특징

우리들이 연구하는 과정에서 참고문헌 관리기가 도움을 주는 것은 내가 찾은 많은 정보들을 필요할 때 인용할 수 있게 하는 것과 인용한 데이터들을 관리해 준다는 것이다. 연구를 통한 글쓰기를 경험해 본 독자라면, 많은 관련 연구들을 찾고 저장하고 인쇄 후 읽었지만 막상 다른 일들과 겹쳐서 필요할 때 필요한 부분을 적으려고 할 때 읽은 기억은 나지만 어디에 뒀는지 몰라서 곤란했던 경험이 있을 것이다. 때에 따라서는 처음부터 다시 검색하여 참고 문헌을 찾고 저장하는 등의 반복적 작업을 하게 된다.

엔드노트(End Note, 이후 엔드노트)는 우리의 이러한 불편을 해결하려고 만들어진 참고문헌 관리도구(Bibliography manager program)이다. 엔드노트는 우리가 논문작성 과정에서 찾은 논문들과 우리가 추가한 노트들을 체계적으로 관리해 줘서 소중한 논문작성 시간을 효과적이고 효율적으로 활용할 수 있게 해 준다.

엔드노트의 가장 간단하고 필수적인 기능적 특징을 보면 다음과 같다.

첫째, 내가 찾은 자료를 정리할 수 있게 해 준다.

둘째, 내가 찾은 자료를 워드프로세스와 연동하여 자동적으로 참고문헌을 작성해 준다.

셋째, 다른 사람과 협동 작업시에 참고문헌을 공유할 수 있다.

넷째, 학술 DB와 연동할 수 있다.

엔드노트는 다음과 같은 대상과 시기에 유용할 수 있다.

첫째, 학술논문을 작성하는 연구자, 석박사과정학생, 교육현장 연구를 하는 사람 등이다.

둘째, 연구 초기에 자료를 조사하는 단계에서 사용할 경우 유용하다. 연구 초기부터 활용하는 것이 데이터 관리 효율성을 향상시킨다.

셋째, 연구과정에서 조사한 자료를 체계적으로 정리할 경우 유용할 수 있다.

넷째, 연구 종료 후 내가 참고했던 문헌들을 정리하고, 추후 연구활용을 위한 준비를 할 때 유용할 수 있다.

이상과 같이 엔드노트는 논문작성을 대신해 주지는 않지만, 전문사서와 같은 개인비서의 역할을 해 주는 소프트웨어이다. 연구를 수행하기 전 기능을 익혀 자신의 연구성과 향상에 도움이 되리라고 기대한다. 본 장에서는 엔드노트의 가장 기본적인 기능을 간략히 소개하고자 한다.

2 EndNote 기능 익히기

2.1 새 라이브러리 화일 만들기

내가 수행하는 연구들 중 특정 주제에 맞는 라이브러리를 생성하는 기능이다. '새 화일 만들기'를 통해 연구주제에 부합되는 이름을 입력하고 저장하면 자동적으로 생성해 준다.

[File-New]를 클릭하여, [Create a new EndNote Library]를 선택한다. 혹은 툴바의  버턴을 클릭할 수도 있다. 화일 이름을 적고 저장하면 엔드노트 라이브러리가 생성된다. [그림 12-1]은 이 과정을 그림으로 나타내고 있다.

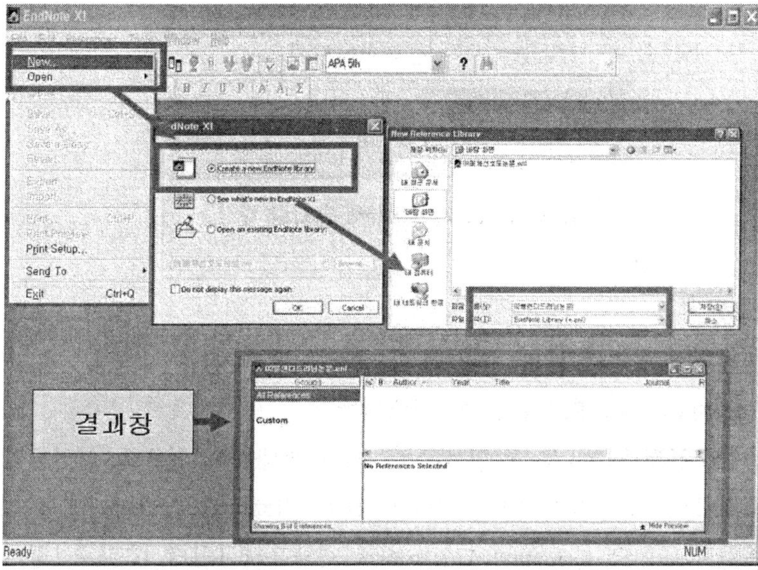

[그림 12-1] 새 라이브러리 화일 만들기

2.2 참고문헌 DB 만들기

새 라이브러리 화일이 만들어졌다면 다음 단계는 내가 검색해서 찾은 참고문헌들을 입력할 수 있다. 입력한 데이터들이 모이면 참고문헌 DB가 될 것이다. 그러면, 참고문헌을 입력하는 방법에 대해 알아보자.

1단계

생성된 라이브러리 화일을 연다.

메뉴에서 [File-Open]에서 원하는 주제의 'enl' 화일을 선택한다. [그림 12-2]의 화면을 참고하자.

[그림 12-2] 라이브러리 화일 열기

2단계

레퍼런스 입력하기를 선택한다.

[Reference-New Reference]를 선택한다.

참고문헌은 책, 논문, 학위논문 등 여러 형태가 있으므로, 입력하고자 하는 참고문헌의 형태를 툴바에 있는 [Reference Type]에서 선택한다. 이 중 논문(Journal Article)을 선택하자. [그림 12-3]과 [그림 12-4]는 이러한 과정을 화면으로 나타내고 있다.

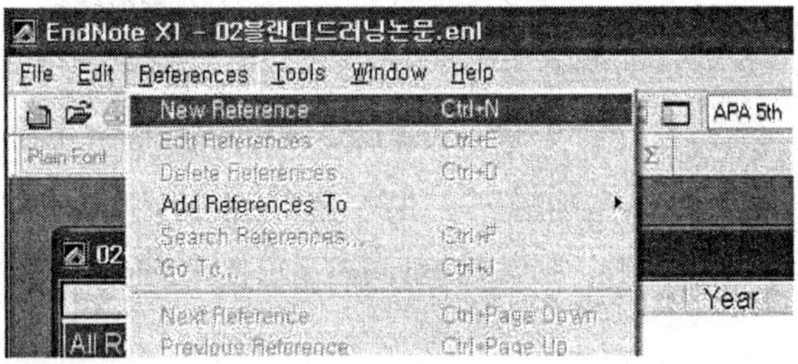

[그림 12-3] 새 레퍼런스 선택하기

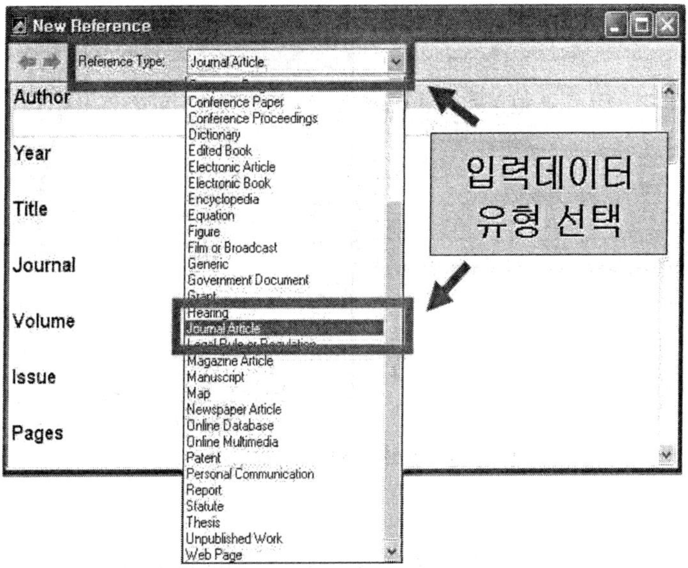

[그림 12-4] 새 레퍼런스 입력 데이터 유형 정하기

3단계

각 하위 제목에 맞는 정보를 입력한다.

[그림 12-5]는 좌측의 논문정보를 바탕으로 저자, 작성년도, 제목, 저널명, 볼륨명 등을 입력하는 과정을 나타내고 있다. 입력하는 과정 내용에는 메모, 차트, 그림 등도 입력할 수 있다.

다 작성한 후 작업창을 닫으면 [그림 12-6]과 같이 자동으로 저장되며 화면상에 표시된다.

[그림 12-6]의 ①, ②와 같은 결과화면이 나타난다. 출력형식은 저자가 잘 쓰는 미국 심리학회 표준 'APA 5th'를 설정해 놓아 자동적으로 그 형식에 맞춰 표현된다.

[그림 12-6]의 ③ [Select Another Styles..]을 클릭하면 전공별 저널에서 채택하고 있는 형식을 선택할 수 있다.

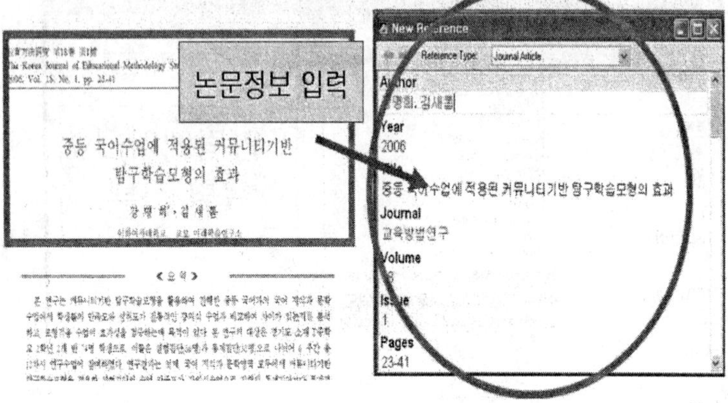

[그림 12-5] 논문정보 입력하기

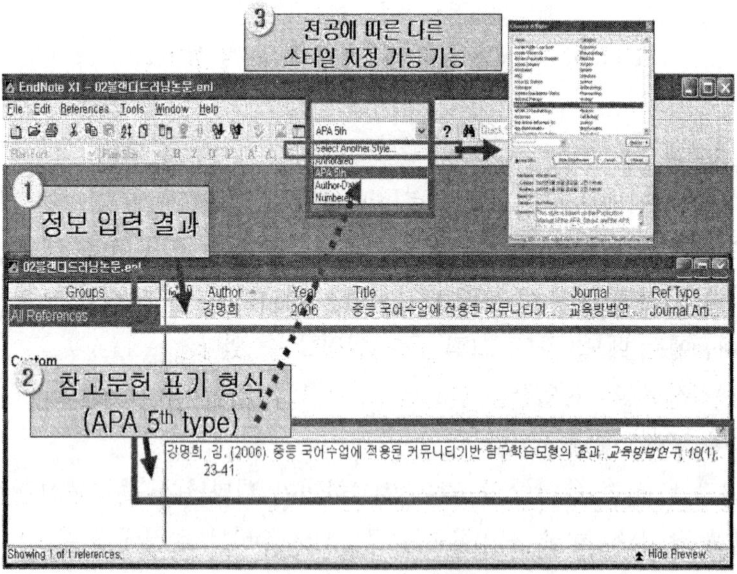

[그림 12-6] 논문정보 입력 결과화면

4단계

참조한 데이터의 원본화일이 있다면 함께 연결시켜 놓는다.

[3단계] 입력단계에서도 언급하였듯이 연구자의 메모, 차트, 그림을 입력정보에 포함시킬 수 있었다. 특히 엔드노트 10.0 이상에서는 원본화일을 함께 연결시켜 놓을 수 있는 기능을 제공하고 있다. [그림 12-7]에서와 같이 우측 마우스를 클릭하여 [File Attachments-Attach File...]을 선택하고, 원본화일의 위치를 지정해 주면 된다.

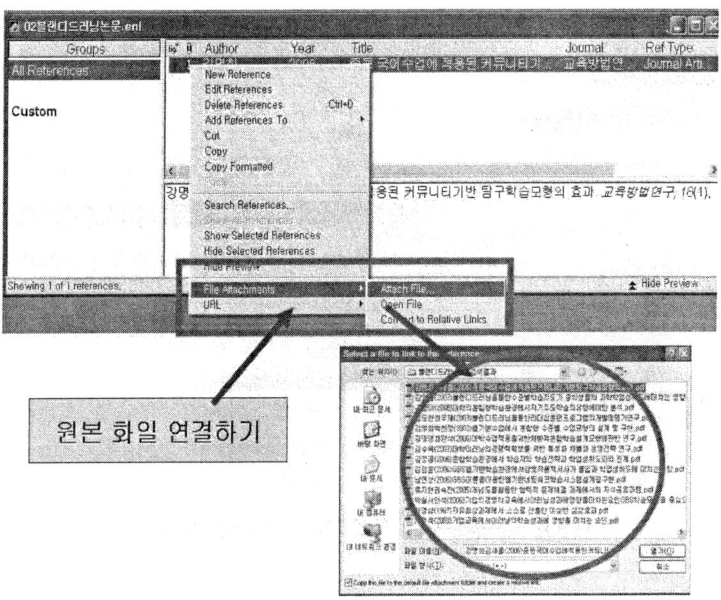

[그림 12-7] 원본화일 연결하기

생성된 'enl' 화일을 이름으로 하는 '.data' 폴더 내에 pdf 폴더와 rdb 폴더를 볼 수 있을 것이다. pdf 폴더에 첨부한 화일(Attach File...)이 저장되어 있는 것을 확인할 수 있을 것이다.

[그림 12-8]에서와 같이 본 저자는 '02블랜디드러닝논문'이라는 enl 화일을 생성했고, '02블랜디드러닝논문.Data' 폴더가 생성되었다. pdf 폴더에는 원본논문들이 있고, rdb 폴더에는 입력한 데이터의 정보가 들어 있다. 따라서 외장매체에 백업을 한다면, enl 화일과 Data 폴더를 함께 저장해야 할 것이다.

[그림 12-8]은 엔드노트 작업 후 생성되는 화일에 대해 간략히 도식화해서 나타내었다.

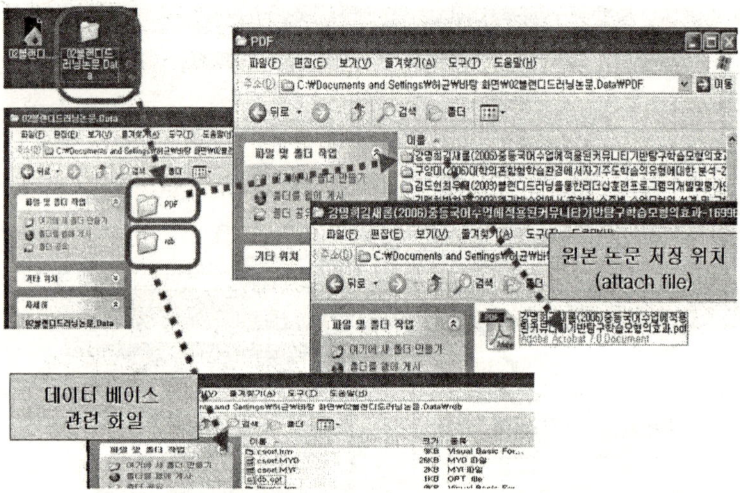

[그림 12-8] 엔드노트 작업 후 생성 화일 이해

3 논문작성에서 활용하기

3.1 MS Word 논문작성에서 활용

워드에서 엔드노트를 사용하기 위해서는 엔드노트를 열고, 워드 프로그램을 열면 자동적으로 작업할 수 있다. 이제부터 EndNote를 활용하여 논문작성에서 효과와 효율성을 높이는 방법에 대해 알아 보자.

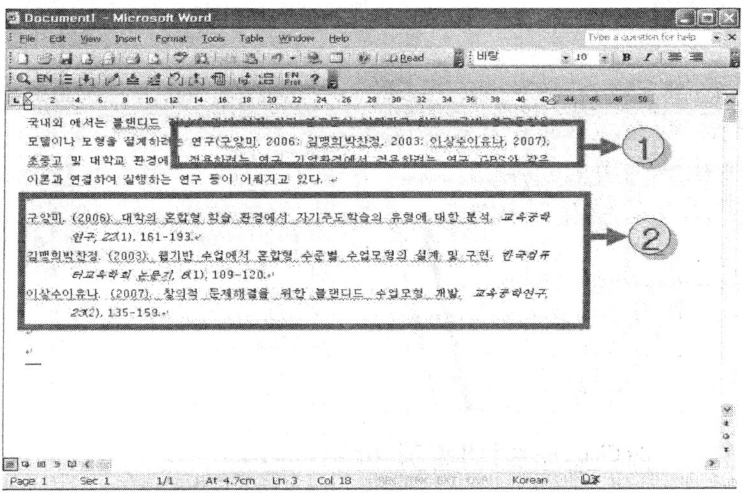

[그림 12-9] MS 워드를 활용한 논문 작성 시작하기

논문을 작성하는 과정에서 필요한 참고문헌을 [그림 12-9] ①과 같이 호출하면 원하는 부분에 내용이 입력된다. 이와 동시에 [그림 12-9] 하단의 ②와 같이 참고문헌이 자동적으로 생성된다. 이때 참고문헌은 사용자가 지정한 서식에 맞게 입력된다.

이러한 과정을 단계별로 살펴보자.

단계 1

작성하고 있는 논문의 본문 내에서 인용을 하려는 위치에 마우스 커서를 옮기고, 엔드노트와 연결한다.

[그림 12-10]에서 '초중고 및 대학 환경에서 적용하려는 연구'에 대해 인용하려는 경우의 예를 살펴 보자.

우선 마우스 커서를 문장 마지막으로 옮긴다.

워드에서 엔드노트와 연결되는 툴바의 EN (Go to End Note) 버턴을 클릭한다.

메뉴를 이용할 때는 [도구(Tools)-End Note X1-Go to End Note]를 클릭한다.

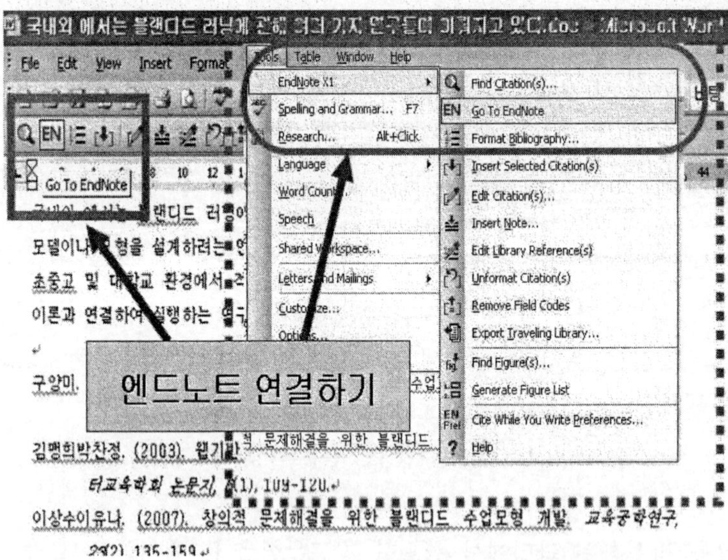

[그림 12-10] 엔드노트 연결하기 두 가지 방법

단계 2

참조할 도서목록 선택 단계이다. 엔드노트가 새 창으로 뜨면, 참고할 도서목록을 [그림 12-11]과 같이 선택한 후 [OK] 버턴을 클릭한다. 원하는 도서목록이 없을 경우는 [Browse] 버턴을 클릭하여 자신의 컴퓨터에서 저장된 'enl 화일'의 위치를 찾도록 하자.

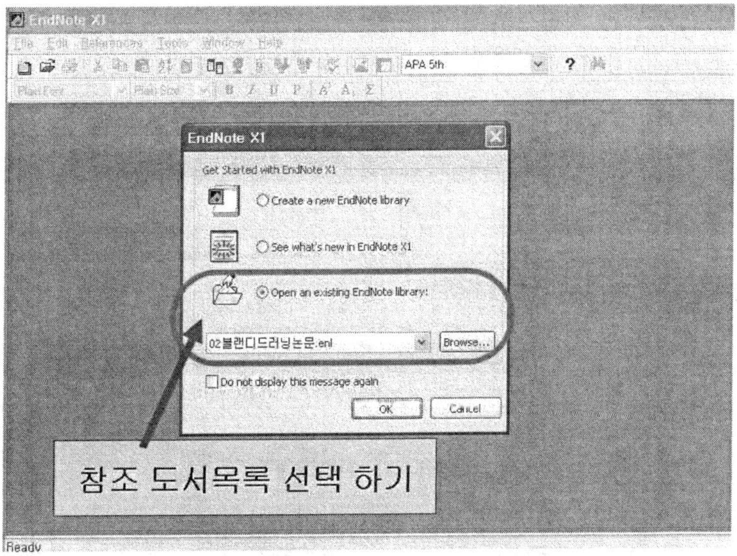

[그림 12-11] 참조 도서목록 선택하기

단계 3

이번 단계는 저장 DB에서 조건에 맞는 문헌 검색하는 것이다. 많은 참고문헌 중 연구자와 관련된 연구를 검색하고 이를 뽑아내는 단계이다. 참고문헌의 양이 적을 때에는 전체를 보면서 선택할 수 있지만, 양이 많아졌을 때는 검색을 함으로써 시간을 단축할 수 있을 것이다. 검색하는 방식을 알아보자.

검색은 메뉴에서 [References-Search References...]를 클릭하면 된

다. 단축키는 [Ctrl + F]이다.

[그림 12-12]의 ①번은 메뉴에서 검색 명령을 선택하는 부분을 나타낸다. 이 명령을 선택하자.

[그림 12-12]의 ②번과 같은 검색 조건 입력창이 나타난다.

필자는 '초중등, 대학의 블랜디드 연구'를 찾고자 하였으므로, 검색식에서 [그림 12-12]의 ②번과 같이 '초등, 중등, 대학'을 'Title(제목)'에서 'or' 형식으로 검색하도록 설정한다.

[Search] 버턴을 누른다면 결과를 볼 수 있을 것이다.

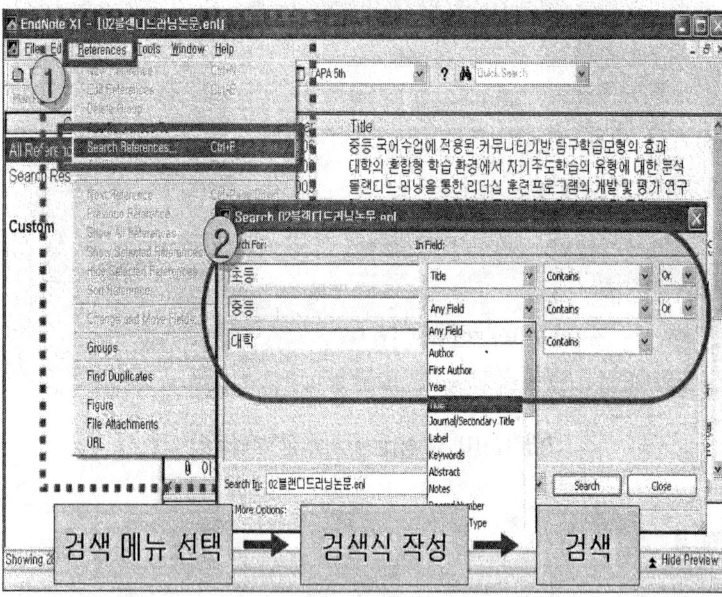

[그림 12-12] 검색 조건 선정

단계 4

검색결과 중 인용할 내용을 선택한 후 MS 워드의 연구자가 필요로 하는 부분에 위치시키는 단계이다.

[그림 12-13]의 ①은 (4단계) 후 나타난 검색결과이다. 검색결과

중 인용할 부분을 클릭한다. 여러 개일 경우 Ctrl이나 Shift를 누르고 선택하면 복수개의 논문을 선택할 수 있다.

논문이 선택되었다면, [그림 12-13]의 ②와 같이 메뉴에서 [Tools-Cite While You Write-Insert Citation(s)]을 클릭한다.

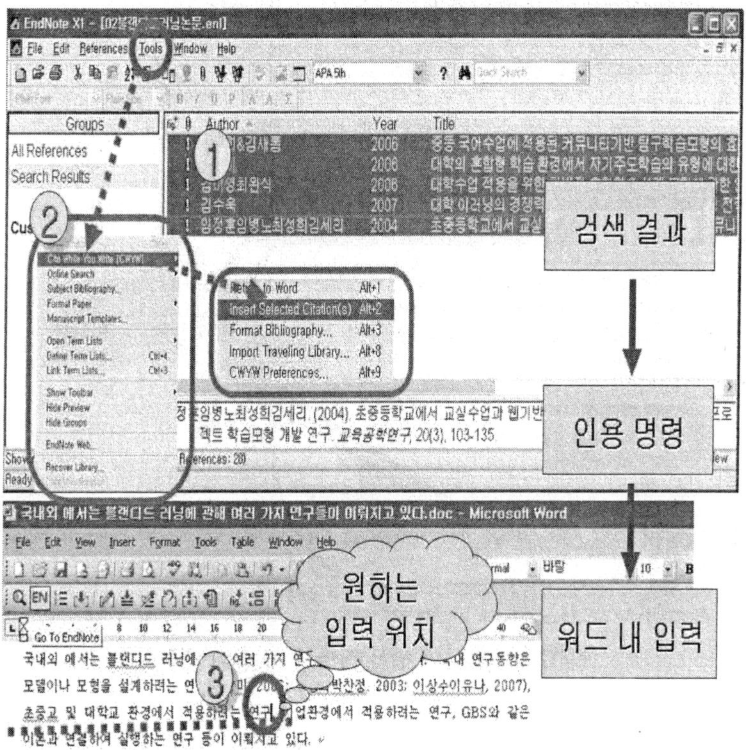

[그림 12-13] 검색 결과와 MS 워드로 인용하기

단계 5

MS 워드에 인용된 내용을 확인한다. [그림 12-14]를 보면 인용되어진 결과와 참고문헌이 자동 추가되어 있는 것을 볼 수 있다.

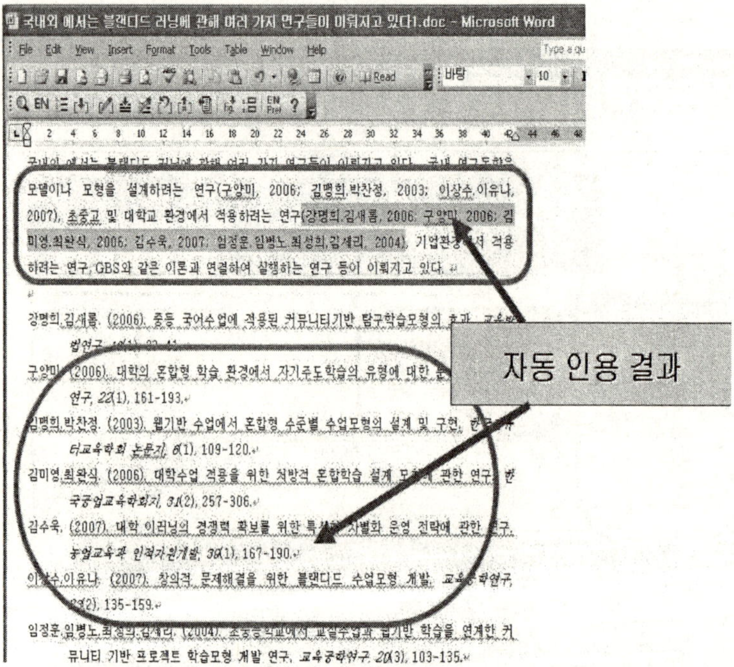

[그림 12-14] MS 워드 자동 인용 결과 화면

엔드노트는 미국에서 만들어진 프로그램이다 보니 한글로 입력할 때 여러 가지 문제점이 발생할 수 있다. 예를 들면 성명을 나타낼 때 우리나라는 '허균'처럼 성, 이름 순서인 반면, 미국식 표기는 이름, 중간이름, 성으로 구성된다. 영문은 제대로 처리되지만, 국내 논문을 영어식으로 표기하지 않고 저자처럼 한글식으로 표기한다면 문제가 발생할 수 있다. 해결방식은 여러 가지가 있을 수 있다. APA 타입과 같은 문서 인용 포맷을 새롭게 만들 수도 있고, 입력시에 조금 주의를 기울일 수도 있다. 저자는 한글이름 처리를 데이터 입력시 붙여서 쓰고, 공저의 경우 '.'으로 구분을 하였다.

3.2 호글(아래 한글) 논문작성에서 활용

국내에서는 논문작성시 호글을 주로 많이 활용하고 있다. 안타깝게 호글에서는 워드와 같이 100% 엔드노트와 연동 서비스를 제공하지 않고 있다. 한글 사용자가 엔드노트를 활용하기 위한 몇 가지 팁을 간단히 정리하고자 한다.

☞ 팁 1

가장 간단한 사용법은 일부 문서의 부분을 MS 워드와 엔드노트로 작성되어진 문서를 아래 한글로 복사해서 붙이는 것이다. [그림 12-15]는 이러한 과정을 간략히 나타내고 있다. 거의 문서에 손상이 없이 복사하여 활용할 수 있다.

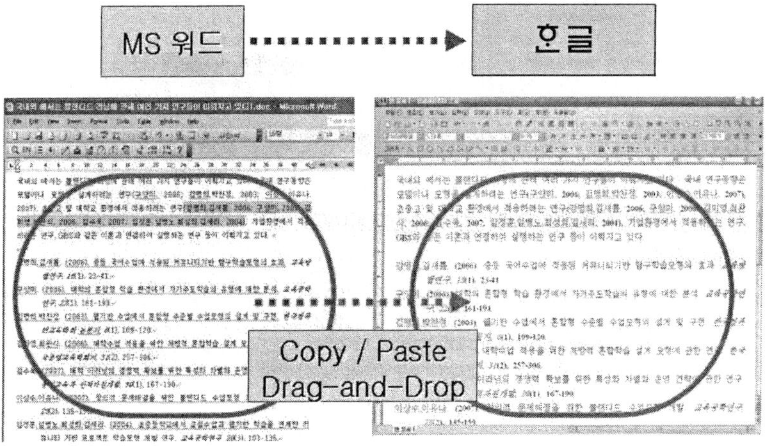

[그림 12-15] 호글에서 활용하기 위한 팁

☞ 팁 2

호글에서 사용하기 위한 두 번째 팁은 rtf 화일(서식있는 문서)을 활용하는 것이다. 활용방법을 단계별로 알아보면 다음과 같다.

단계 1

호글의 문서 작업창과 엔드노트의 참고문헌 창을 동시에 연다. 그리고 참조하고자 하는 참고문헌을 엔드노트에서 선택하여 직접 복사하거나 드래그앤드롭(Darg-and-Drop)으로 호글의 작업창으로 이동시킨다. 이동한 후 '{조일현, 2003 #25}'와 같은 형식이 생긴 것을 확인할 수 있다. [그림 12-16]은 이러한 과정을 간략히 도식화하고 있다.

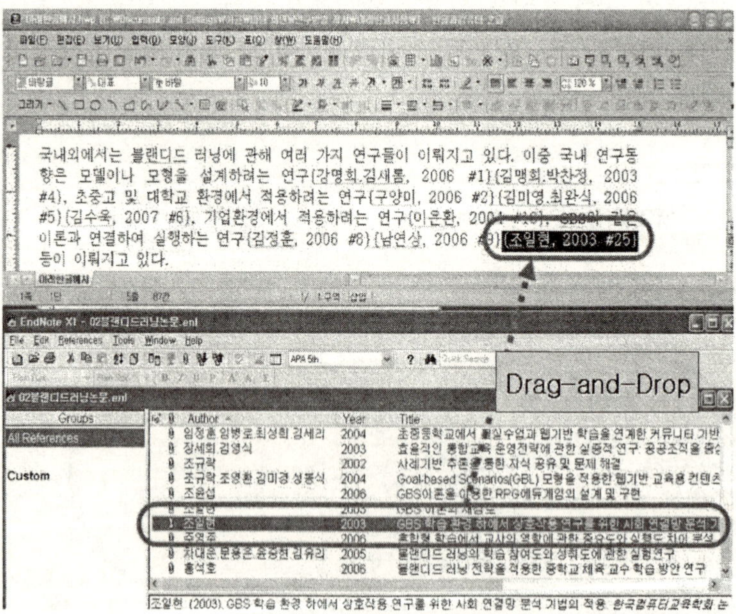

[그림 12-16] 참고문헌을 호글로 옮기기

단계 2

문헌작성이 완료된 후 'rtf 화일'로 저장한다. [그림 12-17]과 같이 원래의 한글 작업창은 한글화일로 저장해 두고, [다른 이름으로 저장하기] 메뉴를 이용하여 확장자가 rtf 화일(서식있는 문서)로 저장해 보자.

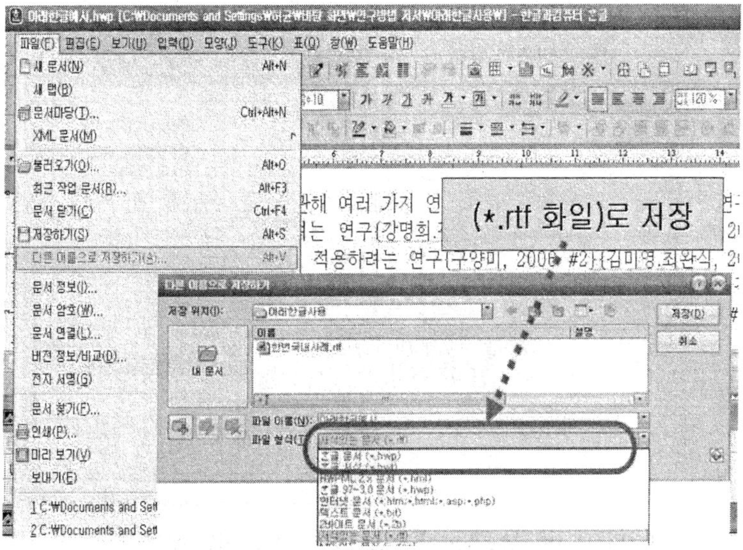

[그림 12-17] 참고문헌을 저장하기]

단계 3

엔드노트에서 변환된 'rtf 화일'의 포맷을 원하는 방식대로 바꾸고, 참고문헌도 자동으로 저장하는 단계이다. [그림 12-18] ①과 같이 엔드노트의 메뉴 [Tool-Format Paper-Format Paper...]를 선택한다. 그림의 ②와 같은 대화창이 뜨면 저장했던 rtf 화일을 불러온다. 그림의 ③과 같은 창이 나타나면 rtf 화일 내에서 인용사항을 자동으로 스캔해서 대화창을 표시한다. Output Style을 선택할 수 있다. 이

제까지처럼 APA 5th 스타일을 선택하고 [Format] 버턴을 누른다.

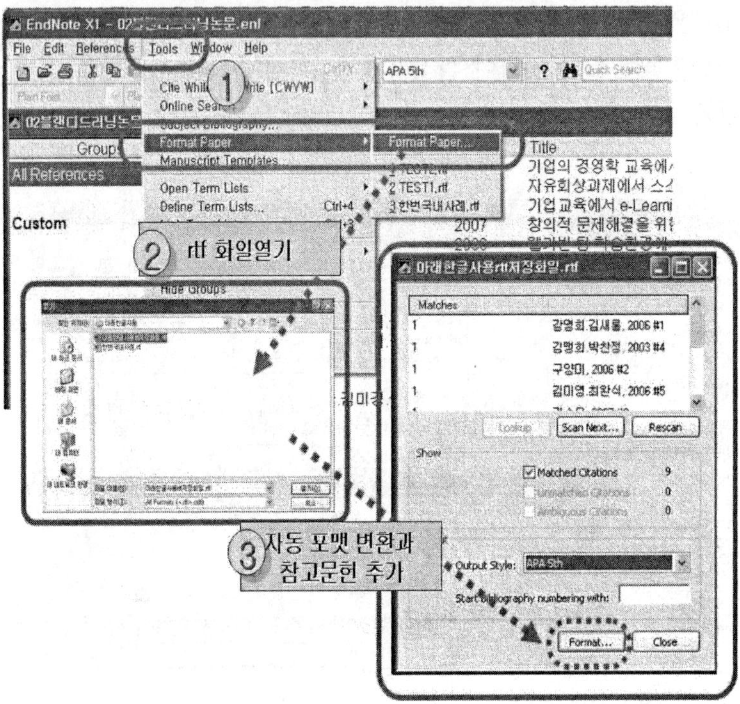

[그림 12-18] 엔드노트사용 rtf 화일 포맷 변환 작업

단계 4

변환된 'rtf 화일'을 열면, [그림 12-19]의 ②와 같이 인용포맷과 참고문헌이 추가된 것을 볼 수 있다. [그림 12-19]의 ①과 비교해 본다면 쉽게 변화된 내용을 이해할 수 있을 것이다. 흔글에서는 변환된 'rtf 화일'을 열면, 그림의 ③과 같은 변환된 양식을 볼 수 있다. 흔글 버전 2004부터 지원된다. 오류가 있을 경우 rtf 화일을 열고 복사한 후 붙이면 된다.

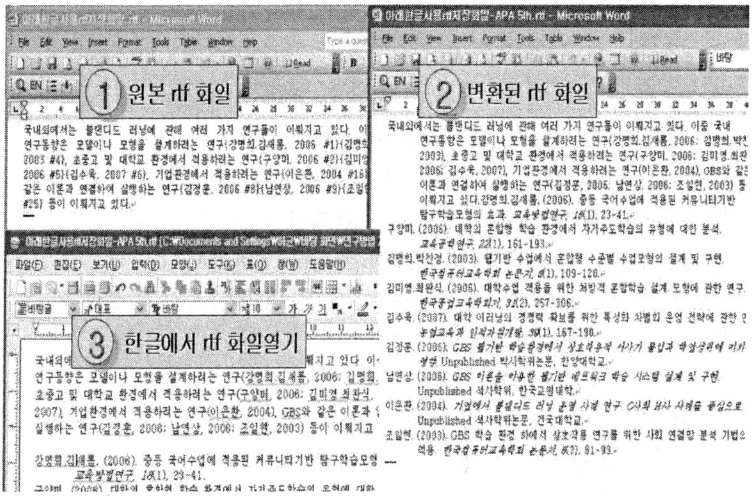

[그림 12-19] rtf 화일 포맷 변환 결과 화면

참고문헌

강성우, 부경순, 심영택, 양갑렬, 오세규, 이경화, 이혁규, 임진영, 허영식 역(2005). 교사를 위한 실행 연구. 우리교육.

김석우, 최용석(2001). 인과모형의 이해와 응용. 학지사.

김석우, 최태진(2007). 교육연구방법론. 학지사.

네이버사전(2009). [Online available] http://naver.com

문수백(2009). 구조방정식모형의 이해와 적용. 2009년 2월 워크샵 자료.

박도순(2001). 교육연구방법론. 문음사.

박성현, 조신섭, 김성수(2002). 한글SPSS. SPSS 아카데미.

박종원(2003). 영어 교육과 질적연구. 한국문화사.

박종원(2005). 질적연구자료 분석의 혁명. 형설출판사.

박종원(2007). 질적자료입력, 문헌조사와 관리. 부경대학교 출판부.

배두본, 김영태, 한상호(2001). 영어교육 연구방법. 경진문화사.

배병렬(2000). 구조방정식모델: 이해와 활용. 도서출판 대경.

백순근(2004). 학위논문 작성을 위한 교육연구 및 통계분석. 서울교육과학사.

성태제(2006). 교육연구방법의 이해. 학지사.

성태제, 시기자(2006). 연구방법론. 학지사.

이용숙, 김영천, 이혁규, 김영미, 조덕주, 조재식(2006). 교육현장 개선과 함께하는 실행연구방법. 학지사.

조현철(2003). 구조방정식 모델: SIMPLIS&AMOS. 석정.

한국심리학회 편(1998). 실험심리 연구법 총론. 성원사.

한글학회(1995). 우리말 큰사전. (주) 어문각.

허균(2006a). ICT 활용교육에서 교수 학습자료 제작을 위한 시각화 전략 탐색 연구. 한국교원교육학회, 23(1), 169-191.

허균(2006b). ICT 활용을위한 언어정보 시각화 과정의 프로토콜 분석 연구. 서울대학교 박사학위논문.

허균(2008). 핵심 교사 사용자 경험을 통한 에듀넷 사용 영향 요인 분석. 한국컴퓨터교육학회논문지, 11(1), 47-55.

허균, 나일주(2003). 웹 기반 교육에서 최적몰입. 한국컴퓨터교육학회 논문지, 6(2), 71-79.

허균, 원효헌, 이운식(2007). 학습자 인식 분석을 통한 여성 공학교육 방향 탐색 사례 연구. 공학교육연구, 10(3), 21-37.

APA(2000). Publication manual of the american psychological association(4th ed.). APA.

Crowl, T. K.(1993). Fundamentals of Educational Research. Brown & Benchmark.

Denzin, N. K. & Lincoln, Y. S.(2005). Qualitative research(3rd edition). Sage.

Gall, J. P., Gall, M. D. & Borg, R.(1999). Applying Educational Research: A Practical Guide(4th ed.). Longman Publisher.

Gall, M. D., Borg, R., & Gall, J. P.(1996). Educational Research: An Introduction(6th ed.). Longman Publisher.

Hawkins, J. M. & Allen, R.(1991). The OXFORD Encyclopedia English Dictionary. Oxford University Press.

Kelloway, E. K.(1998). Using LISREL for Structural Equation Modeling: A Researcher's Guide. Sage.

Kerlinger, F. N.(1986). Foundations of behavioral research. Holt, rinehart and Winston.

McDonough, J. & McDonough, S.(1997). Research methods for english language teachers. Arnold.

McMillan, J. H. & Schumacher, S.(2006). Research in education: evidence-based inquiry. Pearson.

Miles, M. B. & Huberman, A. M.(1994). Qualitative data analysis(2nd ed.). Sage publications.

Mills, G.(2003). Action research: a guide for the teacher researcher(2nd ed.). Prentice Hall.

Park, C.(2004). From qualitative to quantitative continuum: Exploring the possibility with the aid of CAQDAS(NVivo 2). English Teaching, 59(4), 71-91.

Wiersma, W.(1995). Research Methods in Education an Introduction. Allyn & Bacon.

참고 사이트

http://counselingoutfitters.com
http://dlibrary.go.kr
http://ecap.crc.uiuc.edu/info
http://ed.gov
http://en.wikipedia.org/wiki/Comparison_of_reference_management_software
http://eresearch.org
http://eric.ed.gov
http://google.com
http://isiknowledge.com/jcr/
http://kace21.or.kr/accept/accept_03.php
http://lii.org
http://nanet.go.kr
http://nces.ed.gov
http://qsrinternational.com
http://RISS4U.net
http://scholar.google.com
http://search.msn.com
http://unescostat.unesco.org
http://vlib.org
http://web.ebschost.com
http://www.aacte.org
http://www.amosdevelopment.com/download/
http://www.atlasti.com/demo.html
http://www.ipl.org
http://www.ksse.net
http://www.philscience.com/isi/en/product/ENdownload.htm

http://www.philscience.com/isi/rm

http://www.reserchnavigator.com

http://www.ssicentral.com/lisrel/student.html

http://yahoo.com

http://www.census.gov/statab/www

http://www.cete.org/ave

http://www.krf.or.kr

http://www.qsrinternational.com/products_free-trial-software.aspx

http://www.spss.co.kr

부 록

Z 분포표

t 분포표

χ^2 분포표

F 분포표

z table

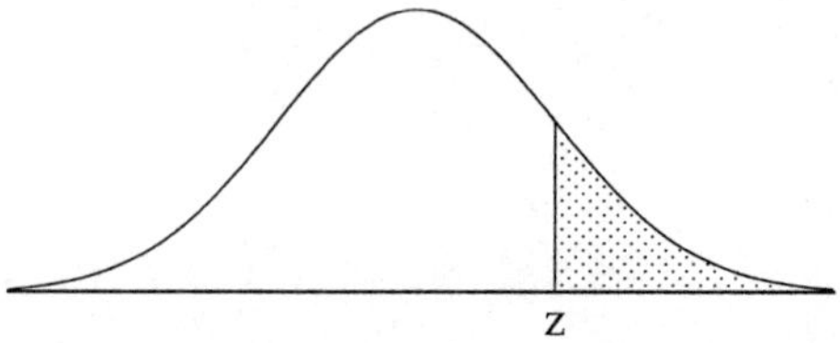

z	0.00	0.01	0.02	0.03	0.04	0.05	0.06	0.07	0.08	0.09
0.0	0.5000	0.4960	0.4920	0.4880	0.4840	0.4801	0.4761	0.4721	0.4681	0.4641
0.1	0.4602	0.4562	0.4522	0.4483	0.4443	0.4404	0.4364	0.4325	0.4286	0.4247
0.2	0.4207	0.4168	0.4129	0.4090	0.4052	0.4013	0.3974	0.3936	0.3897	0.3859
0.3	0.3821	0.3783	0.3745	0.3707	0.3669	0.3632	0.3594	0.3557	0.3520	0.3483
0.4	0.3446	0.3409	0.3372	0.3336	0.3300	0.3264	0.3228	0.3192	0.3156	0.3121
0.5	0.3085	0.3050	0.3015	0.2981	0.2946	0.2912	0.2877	0.2843	0.2810	0.2776
0.6	0.2743	0.2709	0.2676	0.2643	0.2611	0.2578	0.2546	0.2514	0.2483	0.2451
0.7	0.2420	0.2389	0.2358	0.2327	0.2296	0.2266	0.2236	0.2206	0.2177	0.2148
0.8	0.2119	0.2090	0.2061	0.2033	0.2005	0.1977	0.1949	0.1922	0.1894	0.1867
0.9	0.1841	0.1814	0.1788	0.1762	0.1736	0.1711	0.1685	0.1660	0.1635	0.1611
1.0	0.1587	0.1562	0.1539	0.1515	0.1492	0.1469	0.1446	0.1423	0.1401	0.1379
1.1	0.1357	0.1335	0.1314	0.1292	0.1271	0.1251	0.1230	0.1210	0.1190	0.1170
1.2	0.1151	0.1131	0.1112	0.1093	0.1075	0.1056	0.1038	0.1020	0.1003	0.0985
1.3	0.0968	0.0951	0.0934	0.0918	0.0901	0.0885	0.0869	0.0853	0.0838	0.0823
1.4	0.0808	0.0793	0.0778	0.0764	0.0749	0.0735	0.0721	0.0708	0.0694	0.0681
1.5	0.0668	0.0655	0.0643	0.0630	0.0618	0.0606	0.0594	0.0582	0.0571	0.0559
1.6	0.0548	0.0537	0.0526	0.0516	0.0505	0.0495	0.0485	0.0475	0.0465	0.0455
1.7	0.0446	0.0436	0.0427	0.0418	0.0409	0.0401	0.0392	0.0384	0.0375	0.0367
1.8	0.0359	0.0351	0.0344	0.0336	0.0329	0.0322	0.0314	0.0307	0.0301	0.0294
1.9	0.0287	0.0281	0.0274	0.0268	0.0262	0.0256	0.0250	0.0244	0.0239	0.0233
2.0	0.0228	0.0222	0.0217	0.0212	0.0207	0.0202	0.0197	0.0192	0.0188	0.0183
2.1	0.0179	0.0174	0.0170	0.0166	0.0162	0.0158	0.0154	0.0150	0.0146	0.0143
2.2	0.0139	0.0136	0.0132	0.0129	0.0125	0.0122	0.0119	0.0116	0.0113	0.0110
2.3	0.0107	0.0104	0.0102	0.0099	0.0096	0.0094	0.0091	0.0089	0.0087	0.0084
2.4	0.0082	0.0080	0.0078	0.0075	0.0073	0.0071	0.0069	0.0068	0.0066	0.0064
2.5	0.0062	0.0060	0.0059	0.0057	0.0055	0.0054	0.0052	0.0051	0.0049	0.0048
2.6	0.0047	0.0045	0.0044	0.0043	0.0041	0.0040	0.0039	0.0038	0.0037	0.0036
2.7	0.0035	0.0034	0.0033	0.0032	0.0031	0.0030	0.0029	0.0028	0.0027	0.0026
2.8	0.0026	0.0025	0.0024	0.0023	0.0023	0.0022	0.0021	0.0021	0.0020	0.0019
2.9	0.0019	0.0018	0.0018	0.0017	0.0016	0.0016	0.0015	0.0015	0.0014	0.0014
3.0	0.0013	0.0013	0.0013	0.0012	0.0012	0.0011	0.0011	0.0011	0.0010	0.0010
3.1	0.0010	0.0009	0.0009	0.0009	0.0008	0.0008	0.0008	0.0008	0.0007	0.0007
3.2	0.0007	0.0007	0.0006	0.0006	0.0006	0.0006	0.0006	0.0005	0.0005	0.0005
3.3	0.0005	0.0005	0.0005	0.0004	0.0004	0.0004	0.0004	0.0004	0.0004	0.0003
3.4	0.0003	0.0003	0.0003	0.0003	0.0003	0.0003	0.0003	0.0003	0.0003	0.0002

t table

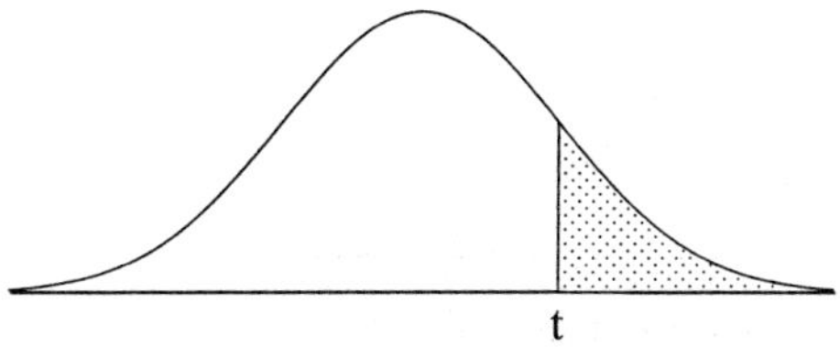

Cuto« probabilities

Degrees of freedom

	.25	.20	.15	.10	.05	.025	.02	.01	.005	.0025	.001	.0005
1	1.000	1.376	1.963	3.078	6.314	12.71	15.89	31.82	63.66	127.3	318.3	636.6
2	0.816	1.061	1.386	1.886	2.920	4.303	4.849	6.965	9.925	14.09	22.33	31.60
3	0.765	.978	1.250	1.638	2.353	3.182	3.482	4.541	5.841	7.453	10.21	12.92
4	0.741	.941	1.190	1.533	2.132	2.776	2.999	3.747	4.604	5.598	7.173	8.610
5	0.727	.920	1.156	1.476	2.015	2.571	2.757	3.365	4.032	4.773	5.893	6.869
6	0.718	.906	1.134	1.440	1.943	2.447	2.612	3.143	3.707	4.317	5.208	5.959
7	0.711	.896	1.119	1.415	1.895	2.365	2.517	2.998	3.499	4.029	4.785	5.408
8	0.706	.889	1.108	1.397	1.860	2.306	2.449	2.896	3.355	3.833	4.501	5.041
9	0.703	.883	1.100	1.383	1.833	2.262	2.398	2.821	3.250	3.690	4.297	4.781
10	0.700	.879	1.093	1.372	1.812	2.228	2.359	2.764	3.169	3.581	4.144	4.587
11	0.697	.876	1.088	1.363	1.796	2.201	2.328	2.718	3.106	3.497	4.025	4.437
12	0.695	.873	1.083	1.356	1.782	2.179	2.303	2.681	3.055	3.428	3.930	4.318
13	0.694	.870	1.079	1.350	1.771	2.160	2.282	2.650	3.012	3.372	3.852	4.221
14	0.692	.868	1.076	1.345	1.761	2.145	2.264	2.624	2.977	3.326	3.787	4.140
15	0.691	.866	1.074	1.341	1.753	2.131	2.249	2.602	2.947	3.286	3.733	4.073
16	0.690	.865	1.071	1.337	1.746	2.120	2.235	2.583	2.921	3.252	3.686	4.015
17	0.689	.863	1.069	1.333	1.740	2.110	2.224	2.567	2.898	3.222	3.646	3.965
18	0.688	.862	1.067	1.330	1.734	2.101	2.214	2.552	2.878	3.197	3.611	3.922
19	0.688	.861	1.066	1.328	1.729	2.093	2.205	2.539	2.861	3.174	3.579	3.883
20	0.687	.860	1.064	1.325	1.725	2.086	2.197	2.528	2.845	3.153	3.552	3.850
21	0.663	.858	1.061	1.323	1.721	2.080	2.189	2.518	2.831	3.135	3.527	3.819
22	0.686	.858	1.061	1.321	1.717	2.074	2.183	2.508	2.819	3.119	3.505	3.792
23	0.685	.858	1.060	1.319	1.714	2.069	2.177	2.500	2.807	3.104	3.485	3.768
24	0.685	.857	1.059	1.318	1.711	2.064	2.172	2.492	2.797	3.091	3.467	3.745
25	0.684	.856	1.058	1.316	1.708	2.060	2.167	2.485	2.787	3.078	3.450	3.725
26	0.684	.856	1.058	1.315	1.706	2.056	2.162	2.479	2.779	3.067	3.435	3.707
27	0.684	.855	1.057	1.314	1.703	2.052	2.150	2.473	2.771	3.057	3.421	3.690
28	0.683	.855	1.056	1.313	1.701	2.048	2.154	2.467	2.763	3.047	3.408	3.674
29	0.683	.854	1.055	1.311	1.699	2.045	2.150	2.462	2.756	3.038	3.396	3.659
30	0.683	.854	1.055	1.310	1.697	2.042	2.147	2.457	2.750	3.030	3.385	3.646
40	0.681	.851	1.050	1.303	1.684	2.021	2.123	2.423	2.704	2.971	3.307	3.551
50	0.679	.849	1.047	1.295	1.676	2.009	2.109	2.403	2.678	2.937	3.261	3.496
60	0.679	.848	1.045	1.296	1.671	2.000	2.099	2.390	2.660	2.915	3.232	3.460
80	0.678	.846	1.043	1.292	1.664	1.990	2.088	2.374	2.639	2.887	3.195	3.416
100	0.677	.845	1.042	1.290	1.660	1.984	2.081	2.364	2.626	2.871	3.174	3.390
1000	0.675	.842	1.037	1.282	1.646	1.962	2.056	2.330	2.581	2.813	3.098	3.300
1	0.674	.841	1.036	1.282	1.645	1.960	2.054	2.326	2.576	2.807	3.091	3.291

$\chi 2$ table

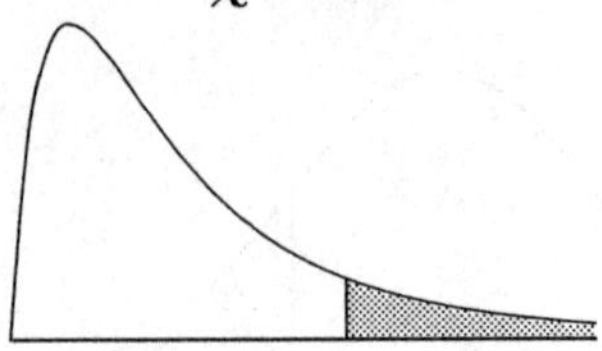

Cuto« probabilities

Degrees of freedom	.2500	.2000	.1500	.1000	.0500	.0250	.0200	.0100	.0050	.0025	.0010	.0005
1	1.32	1.64	2.07	2.71	3.84	5.02	5.41	6.63	7.88	9.14	10.83	12.12
2	2.77	3.22	3.79	4.61	5.99	7.38	7.82	9.21	10.60	11.98	13.82	15.20
3	4.11	4.64	5.32	6.25	7.81	9.35	9.84	11.34	12.84	14.32	16.27	17.73
4	5.39	5.59	6.74	7.78	9.49	11.14	11.67	13.23	14.86	16.42	18.47	20.00
5	6.63	7.29	8.12	9.24	11.07	12.83	13.33	15.09	16.75	18.39	20.51	22.11
6	7.84	8.56	9.45	10.64	12.53	14.45	15.03	16.81	18.55	20.25	22.46	24.10
7	9.04	9.80	10.75	12.02	14.07	16.01	16.62	18.48	20.28	22.04	24.32	26.02
8	10.22	11.03	12.03	13.36	15.51	17.53	18.17	20.09	21.95	23.77	26.12	27.87
9	11.39	12.24	13.29	14.68	16.92	19.02	19.63	21.67	23.59	25.46	27.83	29.67
10	12.55	13.44	14.53	15.99	18.31	20.48	21.16	23.21	25.19	27.11	29.59	31.42
11	13.70	14.63	15.77	17.29	19.68	21.92	22.62	24.72	26.76	28.73	31.26	33.14
12	14.85	15.81	16.99	18.55	21.03	23.34	24.05	26.22	28.30	30.32	32.91	34.82
13	15.93	15.58	18.90	19.81	22.36	24.74	25.47	27.69	29.82	31.88	34.53	36.48
14	17.12	18.15	19.40	21.06	23.68	26.12	26.87	29.14	31.32	33.43	36.12	38.11
15	18.25	19.31	20.60	22.31	25.00	27.49	28.26	30.58	32.80	34.95	37.70	39.72
16	19.37	20.47	21.79	23.54	26.30	28.85	29.63	32.00	34.27	36.46	39.25	41.31
17	20.49	21.61	22.98	24.77	27.59	30.19	31.00	33.41	35.72	37.95	40.79	42.88
18	21.60	22.76	24.16	25.99	28.87	31.53	32.35	34.81	37.16	39.42	42.31	44.43
19	22.72	23.90	25.33	27.20	30.14	32.85	33.69	36.19	38.58	40.88	43.82	45.97
20	23.83	25.04	26.50	28.41	31.41	34.17	35.02	37.57	40.00	42.34	45.31	47.50
21	24.93	26.17	27.66	29.62	32.67	35.48	36.34	38.93	41.40	43.78	46.80	49.01
22	26.04	27.30	28.82	30.81	33.92	36.78	37.66	40.29	42.80	45.20	48.27	50.51
23	27.14	28.43	29.98	32.01	35.17	38.08	38.97	41.64	44.18	46.62	49.73	52.00
24	28.24	29.55	31.13	33.20	36.42	39.36	40.27	42.98	45.56	48.03	51.18	53.48
25	29.34	30.68	32.28	34.38	37.65	40.65	41.57	44.31	46.93	49.44	52.62	54.95
26	30.43	31.79	33.43	35.56	38.89	41.92	42.86	45.64	48.29	50.83	54.05	56.41
27	31.53	32.91	34.57	36.74	40.11	43.19	44.14	46.96	49.64	52.22	55.48	57.86
28	32.62	34.03	35.71	37.92	41.34	44.46	45.42	48.28	50.99	53.59	56.89	59.30
29	33.71	35.14	36.85	39.09	42.56	45.72	46.69	49.59	52.34	54.97	58.30	60.73
30	34.80	36.25	37.99	40.26	43.77	46.98	47.96	50.89	53.67	56.33	59.70	62.16
40	45.62	47.27	49.24	51.81	55.76	59.34	60.44	63.69	66.77	69.70	73.40	76.09
50	56.33	53.16	60.35	63.17	67.50	71.42	72.61	76.15	79.49	82.66	86.66	89.56
60	66.98	68.97	71.34	74.40	79.08	83.30	84.58	88.38	91.95	95.34	99.61	102.7
80	88.13	90.41	93.11	96.58	101.9	106.6	108.1	112.3	116.3	120.1	124.8	128.3
100	109.1	111.7	114.7	118.5	124.3	129.6	131.1	135.8	140.2	144.3	149.4	153.2

F–table: 10%

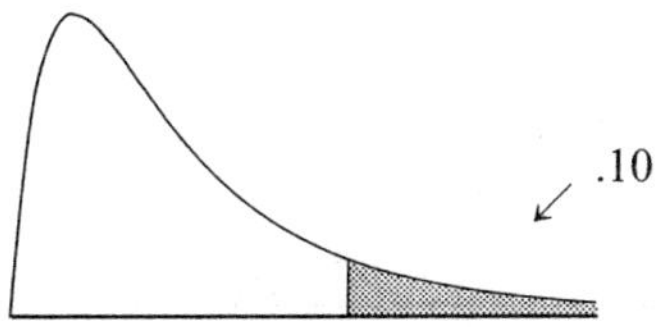

Numerato r degrees of freedom

Denominato r degrees of freedom

	1	2	3	4	5	6	7	8	9	10
1	39.864	49.500	53.593	55.833	57.240	58.204	58.906	59.439	59.857	60.195
2	8.526	9.000	9.162	9.243	9.293	9.326	9.349	9.367	9.381	9.392
3	5.538	5.462	5.391	5.343	5.309	5.285	5.266	5.252	5.240	5.230
4	4.545	4.325	4.191	4.107	4.051	4.010	3.979	3.955	3.936	3.920
5	4.060	3.780	3.619	3.520	3.453	3.405	3.368	3.339	3.316	3.297
6	3.776	3.463	3.289	3.181	3.108	3.055	3.014	2.983	2.958	2.937
7	3.589	3.257	3.074	2.961	2.883	2.827	2.785	2.752	2.725	2.703
8	3.458	3.113	2.924	2.806	2.726	2.668	2.624	2.589	2.561	2.538
9	3.360	3.006	2.813	2.693	2.611	2.551	2.505	2.469	2.440	2.416
10	3.285	2.924	2.728	2.605	2.522	2.461	2.414	2.377	2.347	2.323
11	3.225	2.860	2.660	2.536	2.451	2.389	2.342	2.304	2.274	2.248
12	3.177	2.807	2.606	2.480	2.394	2.331	2.283	2.245	2.214	2.188
13	3.136	2.763	2.560	2.434	2.347	2.283	2.234	2.195	2.164	2.138
14	3.102	2.726	2.522	2.395	2.307	2.243	2.193	2.154	2.122	2.095
15	3.073	2.695	2.490	2.361	2.273	2.208	2.158	2.119	2.086	2.059
16	3.048	2.668	2.462	2.333	2.244	2.178	2.128	2.088	2.055	2.028
17	3.026	2.645	2.437	2.308	2.218	2.152	2.102	2.061	2.028	2.001
18	3.007	2.624	2.416	2.286	2.196	2.130	2.079	2.038	2.005	1.977
19	2.990	2.606	2.397	2.266	2.176	2.109	2.058	2.017	1.984	1.956
20	2.975	2.589	2.380	2.249	2.158	2.091	2.040	1.999	1.965	1.937
30	2.881	2.489	2.276	2.142	2.049	1.980	1.927	1.884	1.849	1.819
40	2.835	2.440	2.226	2.091	1.997	1.927	1.873	1.829	1.793	1.763
50	2.809	2.412	2.197	2.061	1.966	1.895	1.840	1.796	1.760	1.729
60	2.791	2.393	2.177	2.041	1.946	1.875	1.819	1.775	1.738	1.707
70	2.779	2.380	2.164	2.027	1.931	1.860	1.804	1.760	1.723	1.691
80	2.769	2.370	2.154	2.016	1.921	1.849	1.793	1.748	1.711	1.680
90	2.762	2.363	2.146	2.008	1.912	1.841	1.785	1.739	1.702	1.670
100	2.756	2.356	2.139	2.002	1.906	1.834	1.778	1.732	1.695	1.663
1000	2.711	2.308	2.089	1.950	1.853	1.780	1.723	1.676	1.638	1.605

F–table: 5%

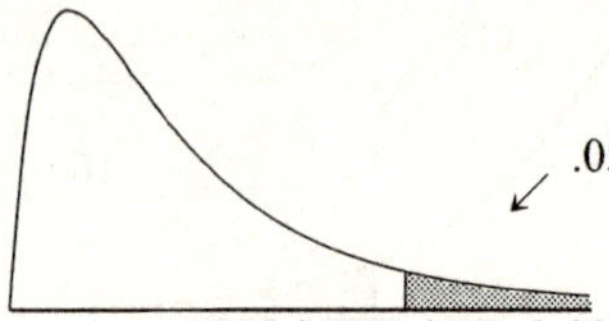

Numerato r degrees of freedom

Denominato r degrees of freedom

	1	2	3	4	5	6	7	8	9	10
1	161.446	199.499	215.707	224.583	230.160	233.988	236.767	238.884	240.543	241.882
2	18.513	19.000	19.164	19.247	19.296	19.329	19.353	19.371	19.385	19.396
3	10.128	9.552	9.277	9.117	9.013	8.941	8.887	8.845	8.812	8.785
4	7.709	6.944	6.591	6.388	6.256	6.163	6.094	6.041	5.999	5.964
5	6.608	5.786	5.409	5.192	5.050	4.950	4.876	4.818	4.772	4.735
6	5.987	5.143	4.757	4.534	4.387	4.284	4.207	4.147	4.099	4.060
7	5.591	4.737	4.347	4.120	3.972	3.866	3.787	3.726	3.677	3.637
8	5.318	4.459	4.066	3.838	3.688	3.581	3.500	3.438	3.388	3.347
9	5.117	4.256	3.863	3.633	3.482	3.374	3.293	3.230	3.179	3.137
10	4.965	4.103	3.708	3.478	3.326	3.217	3.135	3.072	3.020	2.978
11	4.844	3.982	3.587	3.357	3.204	3.095	3.012	2.948	2.896	2.854
12	4.747	3.885	3.490	3.259	3.106	2.996	2.913	2.849	2.796	2.753
13	4.667	3.806	3.411	3.179	3.025	2.915	2.832	2.767	2.714	2.671
14	4.600	3.739	3.344	3.112	2.958	2.848	2.764	2.699	2.646	2.602
15	4.543	3.682	3.287	3.056	2.901	2.790	2.707	2.641	2.588	2.544
16	4.494	3.634	3.239	3.007	2.852	2.741	2.657	2.591	2.538	2.494
17	4.451	3.592	3.197	2.965	2.810	2.699	2.614	2.548	2.494	2.450
18	4.414	3.555	3.160	2.928	2.773	2.661	2.577	2.510	2.456	2.412
19	4.381	3.522	3.127	2.895	2.740	2.628	2.544	2.477	2.423	2.378
20	4.351	3.493	3.098	2.866	2.711	2.599	2.514	2.447	2.393	2.348
30	4.171	3.316	2.922	2.690	2.534	2.421	2.334	2.266	2.211	2.165
40	4.085	3.232	2.839	2.606	2.449	2.336	2.249	2.180	2.124	2.077
50	4.034	3.183	2.790	2.557	2.400	2.286	2.199	2.130	2.073	2.026
60	4.001	3.150	2.758	2.525	2.368	2.254	2.167	2.097	2.040	1.993
70	3.978	3.128	2.736	2.503	2.346	2.231	2.143	2.074	2.017	1.969
80	3.960	3.111	2.719	2.486	2.329	2.214	2.126	2.056	1.999	1.951
90	3.947	3.098	2.706	2.473	2.316	2.201	2.113	2.043	1.986	1.938
100	3.936	3.087	2.696	2.463	2.305	2.191	2.103	2.032	1.975	1.927
1000	3.851	3.005	2.614	2.381	2.223	2.108	2.019	1.948	1.889	1.840

F–table: 1%

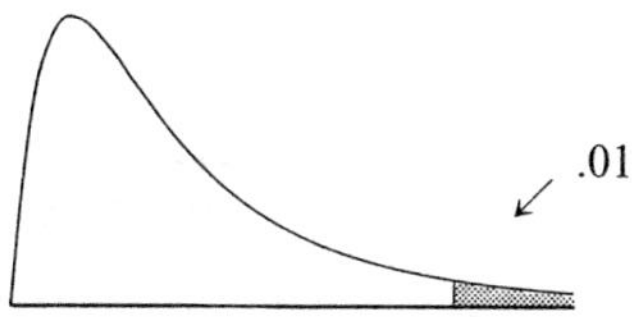

Numerato r degrees of freedom

Denominato r degrees of freedom

	1	2	3	4	5	6	7	8	9	10
1	4052.185	4999.340	5403.534	5624.257	5763.955	5858.950	5928.334	5980.954	6022.397	6055.925
2	98.502	99.000	99.164	99.251	99.302	99.331	99.357	99.375	99.390	99.397
3	34.116	30.816	29.457	28.710	28.237	27.911	27.671	27.489	27.345	27.228
4	21.198	18.000	16.694	15.977	15.522	15.207	14.976	14.799	14.659	14.546
5	16.258	13.274	12.060	11.392	10.967	10.672	10.456	10.289	10.158	10.051
6	13.745	10.925	9.780	9.148	8.746	8.466	8.260	8.102	7.976	7.874
7	12.246	9.547	8.451	7.847	7.460	7.191	6.993	6.840	6.719	6.620
8	11.259	8.649	7.591	7.006	6.632	6.371	6.178	6.029	5.911	5.814
9	10.562	8.022	6.992	6.422	6.057	5.802	5.613	5.467	5.351	5.257
10	10.044	7.559	6.552	5.994	5.636	5.386	5.200	5.057	4.942	4.849
11	9.646	7.206	6.217	5.668	5.316	5.069	4.886	4.744	4.632	4.539
12	9.330	6.927	5.953	5.412	5.064	4.821	4.640	4.499	4.388	4.296
13	9.074	6.701	5.739	5.205	4.862	4.620	4.441	4.302	4.191	4.100
14	8.862	6.515	5.564	5.035	4.695	4.456	4.278	4.140	4.030	3.939
15	8.683	6.359	5.417	4.893	4.556	4.318	4.142	4.004	3.895	3.805
16	8.531	6.226	5.292	4.773	4.437	4.202	4.026	3.890	3.780	3.691
17	8.400	6.112	5.185	4.669	4.336	4.101	3.927	3.791	3.682	3.593
18	8.285	6.013	5.092	4.579	4.248	4.015	3.841	3.705	3.597	3.508
19	8.185	5.926	5.010	4.500	4.171	3.939	3.765	3.631	3.523	3.434
20	8.096	5.849	4.938	4.431	4.103	3.871	3.699	3.564	3.457	3.368
30	7.562	5.390	4.510	4.018	3.699	3.473	3.305	3.173	3.067	2.979
40	7.314	5.178	4.313	3.828	3.514	3.291	3.124	2.993	2.888	2.801
50	7.171	5.057	4.199	3.720	3.408	3.186	3.020	2.890	2.785	2.698
60	7.077	4.977	4.126	3.649	3.339	3.119	2.953	2.823	2.718	2.632
70	7.011	4.922	4.074	3.600	3.291	3.071	2.906	2.777	2.672	2.585
80	6.963	4.881	4.036	3.563	3.255	3.036	2.871	2.742	2.637	2.551
90	6.925	4.849	4.007	3.535	3.228	3.009	2.845	2.715	2.611	2.524
100	6.895	4.824	3.984	3.513	3.206	2.988	2.823	2.694	2.590	2.503
1000	6.660	4.626	3.801	3.338	3.036	2.820	2.657	2.529	2.425	2.339

찾아보기

저자 **허 균**

학 력
부산교육대학교(교육학 학사)
연세대학교(교육학 석사)
서울대학교(교육학 박사, 교육공학 전공)

경 력
내경 · 성남동 · 중부초등학교 교사
연세대학교 인지과학연구소 연구원
Indiana University, Department of IST, Visiting Scholar
서울대학교 교육연구소 객원연구원
한국교육학술정보원 선임연구원
(현) 부경대학교 교육대학원 조교수

교육 연구방법의 이론과 실제 - 분석 실천적 접근 -

2010년 2월 1일 1판 1쇄 인쇄
2010년 2월 5일 1판 1쇄 발행

지은이 허 균
발행인 조재성

펴낸곳 **서현사**
(410-817) 경기도 고양시 일산동구 백석2동 1332-1 레이크하임 206호
전화 : 031-919-6643 팩스 : 031-912-6643
등 록 2002년 8월 14일 제03-01392호
ISBN 978-89-94044-04-0 93370
정 가 12000원